名家精译史学经典

左传选译

瞿蜕园　译注

長江出版傳媒｜崇 文 書 局

图书在版编目（CIP）数据

左传选译 / 瞿蜕园译注. -- 武汉 : 崇文书局，
2022.2（2023.3重印）
（名家精译史学经典）
ISBN 978-7-5403-6514-1

Ⅰ. ①左… Ⅱ. ①瞿… Ⅲ. ①中国历史－春秋时代－
编年体②《左传》－注释③《左传》－译文 Ⅳ.
①K225.04

中国版本图书馆 CIP 数据核字（2021）第 242609 号

策　　划　叶　蓬
责任编辑　刘　丹
封面设计　九　光
责任校对　董　颖
责任印制　李佳超

左传选译

ZUOZHUAN XUANYI

出版发行　长江出版传媒 | 崇文书局
地　　址　武汉市雄楚大街268号C座11层
电　　话　(027)87677133　邮政编码　430070
印　　刷　武汉精一佳印刷有限公司
开　　本　880mm×1230mm　1/32
印　　张　4.75
字　　数　120千
版　　次　2022年2月第1版
印　　次　2023年3月第2次印刷
定　　价　39.00元

（如发现印装质量问题，影响阅读，由本社负责调换）

出版说明

“名家精译史学经典”丛书是为中国史学爱好者提供的一套普及型史学读物，它包括中国首部国别史《国语》、中国首部编年史《左传》、先秦历史散文的杰作《战国策》、二十四史中水准最高的“前四史”《史记》《汉书》《后汉书》《三国志》和规模空前的编年体通史巨著《资治通鉴》。这八种史书不只开创、确立了国别体、编年体、纪传体等不同的史书体裁，而且在史识、史裁、叙事技巧、语言艺术等方面也颇有建树，影响广泛而深远，历来被视为中国史学的经典，是学习中国历史必读的史籍。

由于原著大多卷帙浩繁，从读选本入手就成为史学爱好者的普遍选择。在众多的选本版本中，我们经过权衡比较，遴选了这些由名家选注的、且历经时间检验和学识文笔俱佳的选本。

这些从民国至今不同年代的选本，其选注者既有功力深厚的老辈学人，也有治学严谨的当代学者。其年代跨度之大，学者风格之鲜明，是目前同类丛书中仅见的。整套书所呈现出的丰富的文化意蕴和多元的学术风格，一定会给读者带来别样的阅读兴味。

秦同培先生是民国初期的教育家、民国时期三大出版机构之一的世界书局的老编辑。他译注的《史记选译》初版名为《史记评注读本》，由世界书局于1924年首次出版，后重版多次。1949年后，该书又流传到港台地区，依然备受读者青睐。《汉书选译》和《后汉书选译》原为一本，初版名为《汉书评注读本》，由世界书局于1924年首次出版。这几部作品虽已面世百年，但仍有独特的价值和鲜明的特点。其选篇别开生面，独具慧眼，大大拓展了读者的历史视野。特别是每篇的评语，尤显功力，散发着民国学者特有的、醇厚的古典气息，值得细细品读。

瞿蜕园先生是著述等身的文史大家，他在20世纪50年代致力于史学普及，出版了多种广受欢迎的史籍选本。他译注的《左传选译》由春明出版社于1955年首次出版。该选本"选择精审，译文畅达，注释简要"，上海古籍出版社于1981年重版。《资治通鉴选译》初版名为《通鉴选》，由古典文学出版社于1957年首次出版，这是《资治通鉴》的第一部选注本，从选篇、题解到注释都深具匠心，后曾一度再版。本次出版则特邀瞿氏弟子俞汝捷先生配写了晓畅雅洁的译文。

邬国义先生、胡果文先生译注的《国语译注》由上海古籍出版社于1994年首次出版。该选本内容丰赡，注释贴切，译文流畅，题解精辟，有研究者评该选本"译文很得《国语》原义，为《国语》各译注本中不可多得的佳作"。

赵丕杰先生译注的《战国策选译》由人民文学出版社于1994年首次出版。该选本"所选都是思想内容好，文学性较强的作品。历来为人传诵的名篇都包括在内，……力求能反映《战国策》的全貌"，是目前研究《战国策》的重要参考书。

陈稼禾先生译注的《三国志选译》初版名为《三国志菁华》，由上海教育出版社于2001年首次出版。该选本选篇全面精当，注释简明详实，译文通俗畅达，题解言简意赅，是一本十分适合初学者阅读的选本。

为帮助读者更好地阅读和欣赏这些古典巨著的佳妙之处，书中内容有前言、原文、译文、注释和评语或题解几大部分，这样的体例安排也给读者提供了很好的学习便利。

本丛书依据的底本为多年前的旧作，此次出版，底本中是繁体字竖排的，一律改为简体字横排；为便于今天的读者阅读，对个别底本中的部分译文作了重译；底本中有些词汇的使用与现代汉语规范不尽一致，为尊重作者的行文风格，没有按现代汉语规范统一修改；底本中所注的今地名，由于时代的变迁多有变化，今遵从原著，基本不作改动。限于水平，错误难免，恳请方家不吝赐教。

崇文书局

2021年11月

导言

一 《左传》的来历

依照传统的说法，孔子在周游列国之后，重返鲁国，知道自己的理想不能实现，于是根据鲁国的历史档案资料，以鲁国为本位，将当时列国的大事罗列起来，整理成一部完整的编年史，将他的政治见解寄托在字里行间。一字之间寓有褒贬，这就是所谓“春秋笔法”。然而文字如此简单，寓意何能让人领会？所以又不得不口头分别传授少数的弟子，再让他们一辈一辈传下去。《春秋经》只有一部，可是现存的《春秋传》却有三部（《左传》《公羊传》《穀梁传》），就是这个道理。

《公羊》《穀梁》两传都自称为传孔子“微言大义”的。那就是说：孔子所不能形于笔墨的政治主张，便由他们记录下来，阐明出来。他们都只注重在这一点。至于《春秋》所记的史事，需要补充说明的，两传只占极少部分。《左传》却正是相反。凡是春秋时代重要的史事，在“经”上只有一句简单的话，它却原原本本，曲曲折折，铺叙出来。可以说现存的古书中当得起一部真正历史著作的，要推《左传》为最早最完备。至于经文的原意，《左传》也不是不注重的。据晋人杜预所说，经文根据各国的国史，有一定的书法，这是正例。经文有新义，《左传》举出事实加以说明，这是变例。并无意义，只是记事，这叫作归趣。那末，《左传》之传经，是与他家传经的方法不同的。

由于《左传》的记事丰富，似乎《左传》的作者与孔子的时代更相近，与孔子的关系更深。究竟《左传》的作者是谁呢？相传都说是左丘明。究竟左丘明又是谁呢？这就其说不一了。关于《左传》成书原委的记载，以司马迁的《史记·十二诸侯年表序》说得最清楚。他说：

> ……七十子之徒口受其传指，为有所刺讥褒讳挹损之文辞不可以书见也。鲁君子左丘明惧人人异端，各安其意，失其真，故因孔子史记具论其语，成《左氏春秋》。

可是在西汉初年，政府所承认的只是《公羊》《穀梁》二家，特别是《公羊》。因为那个时代的经学，在理论上是从孔门弟子一系传下来的。他们各守师传，不是自己的师传就不承认。一直到西汉末年，刘歆才极力表彰《左传》，说《左传》是直接孔子的，而《公》《穀》在七十子后是间接的。因为《左传》是秦火之后比较晚出的，用古文写出。而《公》《穀》是先出的，是用当时文字写的。所以有古文经学与今文经学之称。今文经学在西汉是极盛的时代，后来渐趋没落。到了清末，有些人重新提倡起来，于是连《左传》的真伪也成了问题。主张今文经学的人就以《左传》为刘歆伪撰经书之一。

这些问题是学术上难于解决的公案。一直到最近，《左传》的作者是谁，大约在什么时代，究竟可信的程度如何，还有许多人提出新的见解。不过我们现在不必在这些问题上深入探讨。重要的还是把《左传》看作古代史中最有价值的文献之一。

我们知道：在公元前六七世纪中，由于我国的文化已经非常进步，列国都有正式历史之保存。鲁国是周公后裔，文物尤为完备。孔子生于鲁国，根据他平生主张，要将贵族阶级专有的文化公之于大众，于是他取鲁国的国史，仍用它的旧名，名为《春秋》，整理起来，传之于后。因为他看见当时鲁国狩猎得来一只异兽，名为“麟”，感觉到“麟”是太平时代的产物，时代既不太平，“麟”又从何而来？于是开始修《春秋》，修到“获麟”这件事为止。孔子修《春秋》，似乎不是虚无的事，《春秋》的史事也不是可以虚构出来的。若说《左传》所记的史事是远在《春秋》以后的人所辑录的而托名于左丘明（左丘明与孔子同时，见于《论语》），固然不是不可能，但总不能不承认《左传》所记的确是春秋时代的事实。汉晋以来，《左传》已经几乎成为人人必读之书。我们现在所知道的这一时期的历史，仍不能不以《左传》为根据。不仅这一段历史，就是春秋以前的历史，也有许多地方不能不以《左传》中的资料为根据。这都是很明显的。

二 《左传》的内容

春秋二百四十年间列国内政外交，盛衰兴废，头绪如此的繁杂，若说都包罗在《左传》的作者一人胸中，似乎不可能。那么，他一定是搜集了许多资料然后编次成功的。推想起来，当时的国史或者尚有若干存留的，重要的文件或者有为人所传诵的，有趣味的故事或者有成为传说中心的。《左传》的最大功绩就是将这些散漫的资料，按时代先后，编成完整的书。

若将《左传》的内容详加分析，就可以看出其并不限于列国兴废存亡、会盟征伐的重大情节，实在可以说集古史之大成，留给后人以无尽藏的宝库。约略说来，有下列几点。

第一是人物生平的叙述。《左传》不是为个人作传记的。然而对于每一个重要人物都附带在叙事之中，活泼泼地将他的性格描画出来。尤其是子产、叔向这类的人，言论风采，记载得娓娓不倦，藉他们的言论风采表达他们的政治抱负。此外凡是个性具有特点的人，他都不放松，例如卫献公的神气骄傲，鲁昭公的好讲面子，都使人至今如闻其声，如见其貌。《左传》所记的人物，未必能纤悉无遗，但与其他古书所记对照起来，却少有重复之处。这是记载方面的丰富地方。

第二是词令的记叙。《国语》与《左传》本来是相辅而行的书，然而《国语》只记一方面的语言，而《左传》则兼有问答的词令。无论私人的谈话，公开的交涉，乃至整篇的文献，如吕相绝秦书（成十三年），郑子家告赵宣子书（文十七年）及瑕吕饴甥告晋人（僖十五年），子产对晋人征朝（襄二十二年）之类都详细备载。在这里面，一方面可以看出美妙生动的口语文章，另一方面可以看出对内对外文告的惯例。从保存史料的功绩来讲，也是很伟大的。

第三是礼俗制度。这是《左传》最注重的一部分。例如楚逢伯述武王受降的礼节（僖六年），晋韩厥、郤至称敌国君臣军中相见的礼节（成二年及成十六年），这都是其他古书中所不能发现的资料。至于朝聘会盟之中，升降揖让献酬授受，以及坛场乐舞服章玉帛等等，都可以作研究古代文物的佐证。

其次，我们知道春秋时代正是奴隶社会嬗化为封建社会的一个重要时期，在《左传》中可以获得几种宝贵资料：

其一，古代残余的地方种族杂处于列国之间，特别在戎子驹支对范宣子的一段对话（襄十四年）表明戎与诸夏之间关系的密切。不但周晋间有戎，鲁郑等国内也都有戎。种族的交错是当时普遍的现象。

大概文化上是互相影响的，政治上是始而并存，继而渐趋没落的。这些种族，其实与诸夏的种族同样有悠久的历史，不过不甚分明可考而已，幸亏《左传》还透露一点出来，例如子鱼所称“分鲁公以……殷民六族，分康叔以……殷民七族，分唐叔以……怀姓九宗”（定四年）。怀姓很可能就是后来的隗姓。

其二，周初的分封制度，在《左传》中也屡次从列国的人征引文献的时候说明其大略，所谓封建亲戚以蕃屏周（僖二十四年），并建母弟以蕃屏周（昭二十六年），选建明德以蕃屏周（定四年）。几乎成了一种套话。因为《左传》所记载特别详细的大部分是周初分封而来的国家，而周初分封的这件事又是古代部族制度的一个演进，所以这些记载都具有重要性。

其三，世族制度在春秋时代是一切政治制度的骨干，列国的执政几乎都是世卿，只有极少数例外。他们的采邑，他们的家臣，他们的私属兵力，固然随处都有记载，他们的赋税（哀二年），他们的学术（昭七年），也都能从一鳞半爪中窥见大概。非在这方面有明确的认识，即不能了解为什么孔子这样痛恨世卿，为什么周初的大国后来日趋没落，为什么强宗大族因兼并而日少，为什么孔子以后人才辈出，布衣卿相的局面渐渐形成。这种特殊制度又是历史上一个极重要的课题。

其四，古代史的传说，从春秋时代的人物口中吐露出来的，虽然不一定就是信史，但总有相当根据。在当时的教育制度下，只有世官才能根据他们传统的知识谈历史，旁人是没有资格的。而这种人有的由于职务的关系，有的由于地域的关系，因事立言，就可以给我们不少的启发，例如郯子论古代官名（昭十七年），魏绛论后羿代夏的故事（襄四年），即可以与其他古书相印证，也可以补其他古书所未详。

其五，古代及当时通行的诗乐，由于春秋时代的社交习惯，常要征引，或者歌唱，所以我们可以与今日所传或今日所不传的诗参互研究。郑七子赋诗（襄二十七年），及郑六卿为韩宣子赋诗（昭十六年）两段记载表明当时交际宴会中赋诗见意的重要性。《诗经》各篇的作者来历，有时也都明载在《左传》中。

其六，关于《左传》中天文历法的推测，杜预已经注意到这一点，因而撰成《春秋长历》。根据日食、月食、星见、置闰等记载，就可以鉴别古史的真伪，将来在这方面的新发现，预料必更有可观。

其七，卜筮的习惯在春秋时代是非常重视的，这当中保存不少的古史资料。在《周易》，甚至更古的"连山""归藏"的研究上又有重大的贡献。

以上七点，不过举其最彰明较著者而言。按传统习惯来说，《易》《诗》《书》《礼》《春秋》，谓之五经。也可以说这五种是原始的经，在这五种之中，《易》《诗》《书》《礼》都是孔子以前已经有的，或者是由孔子编次整理的。《春秋》虽然大部分是鲁史旧文，究竟可以说是孔子自己拿出主意来编成的一部书。那么，《春秋》可以说是五经中最重要的一部，而《左传》又等于一部放大了的《春秋》。再看上面所举的《左传》几点重要内容，更可以想到《左传》又可以包括《易》《诗》《书》《礼》四部分。所以《左传》内容之丰富，汉以前的古书没有一部可以相比。

三　春秋时代的一般情势

《春秋》包含鲁国的国君十二公在位的年代。这十二公便是隐公、桓公、庄公、闵公、僖公、文公、宣公、成公、襄公、昭公、定公、哀公。按公羊家的说法，末后三公是孔子亲身所历的时代，叫作"所见世"。文、宣、成、襄是孔子父辈的时代，叫作"所闻世"。隐、桓、庄、闵、僖是孔子祖辈的时代，叫作"所传闻世"。为使我们便于记忆起见，这个说法是恰当的。我们不妨就用这三个名词代表三个阶段。

春秋列国的事迹既然如此繁复，我们不能不紧握一条线索，那就是这十二公的年代了。现在列表如下：

隐公元年[1]（公元前七二二年）	终十一年
桓公元年（公元前七一一年）	终十八年
庄公元年（公元前六九三年）	终三十二年
闵公元年（公元前六六一年）	终二年
僖公元年（公元前六五九年）	终三十三年
文公元年（公元前六二六年）	终十八年
宣公元年（公元前六〇八年）	终十八年
成公元年（公元前五九〇年）	终十八年
襄公元年（公元前五七二年）	终三十一年
昭公元年（公元前五四一年）	终三十二年
定公元年（公元前五〇九年）	终十五年
哀公元年（公元前四九四年）	终十四年[2]

这样说来，春秋时代是从公元前七二二年到前四八〇年，共计二百四十二年。

《春秋》绝笔于“获麟”，理由已见上述。那么，为什么托始于隐公呢？这也很有理由的。因为隐公的时代正当周平王东迁之后，正是周王朝没落的开始，也正是周初分封的列国逐渐蜕化的初期。自此以后，一般情势便起了巨大的变化，旧制度渐为新制度所替代。

我们用公羊家的名称，按上述三世分三段来说明一个大概，或者

---

[1] 隐公是鲁国的第十四君。 [2]《春秋经》止于哀公十四年，因为这是获麟的那年。但后人将《春秋经》续到十六年孔子死为止。《左传》更继续下去，到哀公二十七年出奔失国为止。

再简明一点，算它作初期、中期、末期。

第一是初期，是隐公到僖公五世。因为闵公在位只有二年，而且闵公和僖公是弟兄辈，所以其实是四世。在这一段落中，我们所看到的是列国间的争地，以及列国内部公族的争权。这样一来，比较弱小的国家，比较衰微的公室就都被推倒。谁若得权，谁就把自己的权力巩固起来。要巩固自己的权力，更要扩张领土，增加兵力。第二步才是向王朝取得合法的承认。其实王朝就是不承认,列国也不能不公认的。有这种企图的不止一国，即如鲁国也就是其中之一。也是由强横的公族篡夺政权,也惯于操纵压迫邻近的小国。不过事实上达到“取威定霸”的目标的，只有齐和晋。习惯上所谓五霸中的齐桓、晋文、宋襄、秦穆四公都先后在这个阶段中出现，只有楚庄王略晚。五霸之兴就意味着王朝之衰。司马迁所谓“兴师不请天子，然挟王室之义，以讨伐为会盟之主，政由五伯（霸），诸侯恣行侈不轨，贼臣乱子滋起”（《十二诸侯年表序》)。这一套话是古人常说的。正说明这一阶段与下一阶段间的情势。

第二是中期，是文公到襄公的时代。这一个阶段是春秋最热闹的时期，政治制度渐渐确定，文化渐渐发达，人才渐渐兴盛。这才到了旧的退化而新的代兴的局面。试将这几点综合起来加以说明。

在此时期中，列国都明确地采取了世卿执政的制度。可能是几家世卿共同执政，而实际上其中一家更居于突出地位，鲁国所采取的是这一种。名义上是季孙、孟孙、叔孙三家，而掌握大权的是季氏，其余做个陪衬，分点好处而已。可能是六卿在平时分掌国政，在战时分统六军，而互推其中一个当国，晋国所采取的就是这一种。军权虽谈不到，只是六卿分掌国政，而以一人负全责，郑国、宋国的情形大概就是这样。另外又有一种，两个世卿把持政权，互为消长，这就是卫国的孙、宁二氏。也可能名义上维持两个世族的领袖，而实际上另有一人主持政治，这就是齐国的高、国二氏。只有楚国比较偏重人才，他们大概只有一个首相，而君权还相当巩固。秦国情形或者也差不多，不过《左传》没有详细记载。

世卿制度到了孔子时代，是极端遭受反对的。追溯其成立的原由，也不是无因而至的。当时感觉到列国间竞争的剧烈，必须起用世族中一些强有力分子出来担任实际工作，只有这样权力才能集中，号令才能统一。所以比起多头政治的彼此相争永无宁息来，还是较为符合当时客观要求的。但是，正因为权力的不断下移，公族间的争夺也就更加剧烈了。到了中期，这班公子们又退了下来，让给大夫了。晋国的历史就是一个鲜明的例证。晋献公因为削平了内乱，然后向外扩张，后来不幸自己又蹈了覆辙，公子们又成了内乱的根源。于是有“诅无畜群公子”的话（见宣二年），就是说恨极了这班公子捣乱，所以大家相约，从此不要维持他们。此后晋国就日趋强盛。到了中期，首先由赵氏执政，继而演进成为六卿执政的局面，晋国始终在列国中居第一席的位置。到了战国，这班大夫又升格作了国君，还在那里自夸说:“晋国天下莫强焉。”（见《孟子·梁惠王》篇）

这样，可以说世卿制度在当时人看来反而是比较进步的，事实上执政的人往往是一族中最优秀的分子，必需他人才能服众，方才受人推戴，并非专靠他的嫡长地位可以取得的。赵衰、赵盾相继执晋国政权，都是凭借这一点。所以推戴赵盾的一句话是“使能，国之利也”（文六年）。意思就是要选用人才方能有利于国。

在此同时，鲁国长期久任的执政是季孙行父，他是季氏的中心人物。季氏所以成为强宗大族，削弱鲁公室的权力，都是由他形成的。再看宋国，执政的是华元，他也是出色的人物，在列国的交涉上能起大的作用。我们要知道，像鲁、宋这两国，在当时国际地位上，决不能靠武力与那些大国角逐，但是也不能过于示弱，受人欺侮。他们此时最明智的政策，就是在国际事务上保持发言权，在邻国的交接上维持良好的关系。在国内休养生息，不轻于损耗实力。这样才能达到保国卫民的目的。试以春秋初期的鲁、宋二国情势比较中期，就知道初期的危险，几乎可以亡国。闵公元年，齐桓公已经有“鲁可取乎”的话，可见他想要吞并鲁国，情见乎词，事实上齐要灭鲁也未必不可能。桓公二年，《左传》记“宋殇公立十年十一战，民不堪命”。宋国的不安也可以想见。然而到了中期，两国的确渐趋安定，强国也不敢过于轻视了。

襄公在位最长久，这个时期，好像大家都有点厌倦武力的竞争，而希望以外交方式谋国际局面之缓和。首先由晋魏绛发表和戎的主张，继之以宋向戌的提倡弭兵，利用宋国的中立，调和晋楚的多年争执。又加以郑国的子产善于运用外交，解除了不少小国的痛苦。可是安定不久，几个大国如晋如楚，小国如郑如卫，都渐次发生内乱。旧的问题勉强可以结束，新的问题又起来了。

春秋中期列国间最大的问题，要算晋楚之争。晋国居于现在的山西南部，楚国居于河南南部及湖北北部。楚国的野心是要向北发展，于是陈、蔡、许等国首当其冲，晋国要防止楚国的北侵，至少要把郑国收作保护国，作它的外围，这是楚国所决不容许的。从城濮之战开始（这是初期最末后的事），两国互有胜败，势力互为消长，总不肯甘休，其间受牵涉最深的要算郑国。由于运用当时列国间的矛盾，在外交上争取有利地位，这才把国家的危机应付过去。

初期中的列国，在此时已经有些退居次要地位，齐国已经失去其领导资格，秦国也改变了方针，不再想向东发展，假使它也向东发展的话，郑国又是首当其冲。它的活动范围不在中原列国之内，而在西北边上伸张势力，《左传》上只用“遂霸西戎”四个字结清这一笔账。

一直待二百年之后，方才重新出现于历史舞台，这是后话。至于燕国，在战国时虽然抬起头来，然而在整个春秋时期，不甚参与列国的事。

在这里我们看出一个文化交流的倾向，大概南方的种族都想向北发展，而北方的种族在战国以前却看不出南移的趋势。虽然春秋时代楚国始终没有真正掌握中原的霸权，然而楚国人自己说："抚有蛮夷，奄征南海，以属诸夏。"（襄十三年）意思是有包举南方以与中原文化联成一片的企图。而中原人也常有对楚国文化表示赞美的话，这就是春秋末期南方新兴之吴越二国更迭起来向北发展的一个先兆。

我们看《左传》初期与中期的文字，也觉得有点不同。中期以后的记载，在言语之间喜欢长篇大论征引古史，在初期则多偏于议论而少有考证学术的话。例如季孙行父说八元八恺（文十八年），楚庄王说武有七德（宣十二年），申丰说冰雹（昭四年），周景王说唐叔受封的分器（昭十五年），蔡墨说豢龙（昭二十九年），特别是子产的说神话（昭元年，昭七年），季札的说乐（襄二十九年），似乎王公卿大夫之中都很有些留心学问、知识渊博的人。从这一点可以看出文化的逐渐提高与普及。

孔子是襄公二十二年生的（据《史记》），当他还是青年的时代，齐国有晏婴，晋国有叔向、师旷，郑国有子产、子太叔，卫国有蘧伯玉、王孙贾，都是一时负才望的卿大夫，造成了一种求知识的新风气，孔子本身也就受了这种影响，他的一生造诣和抱负也就在这里奠下基础。

以下便进入了春秋的末期，孔子本身的时代。

此时鲁国所发生的变化，就是公室和季氏的政争爆发。原来政权落在季氏手中已将百年。到了此时，昭公忍无可忍，就和他决裂起来。到底因为实力不足，只得终身作个亡命客。然而从此以后，季氏之权又落在家臣手里，于是大夫与大夫之间，大夫与家臣之间又常常发生争夺，而公室仅拥虚名。此种风气蔓延开来，就酿成后来田氏之夺齐国，韩、赵、魏三家之分晋国。过去公族之患，世卿之患，又都渐归消灭，而只是少数的强大家族建起新国来。这些新国和原来的两三个大国又并存一个时期，就成了战国的局面。至于那些周初所分封的小国，则渐渐失去重心，临到末运了。

楚国的势力虽然向北发展未能完全达到目的，此时又转而东向。因此与吴国发生利害冲突，晋国于是利用机会，联吴以制楚，自成公七年以来，晋、吴、楚三国间的关系一直如此。到了春秋末期，吴国的势力达到顶点，齐、鲁都受了它的影响。但是新兴的越又起而代之。这两个新登舞台的国家，强盛得很快，衰亡得也很快，只在春秋末期昙花一现而已。[1]

有一点我们不可不注意。春秋末期似乎是列国内乱外患最繁的时期，然而孔子仍能在列国与闻政治，与门人讲学。虽然曾经“厄于陈、蔡”，大体上生活还是过得安定的。晚年返国，被尊为“国老”（哀十一年），可见当时社会寻求知识的空气相当浓厚。而且孔子到卫国的时候，正值卫国多难（孔文子语，见哀十一年），而孔子还赞美卫国的富庶，可见当时已经有人口集中都市的倾向。再加上《左传》记郑国商人三次之多，可见商品经济渐见重要，交易往来日趋发达。这些，都是春秋时代所酝酿的社会变迁。《左传》对于人民生活方面的直接记载虽然很少；但春秋时代人民受压迫的情形仍然可以从字里行间看出。当时各国除工役及军事都靠人民义务担任外，还有历次的增加赋税；而齐、晋、楚等国也因之屡次有施救济、免积欠的举动。这就无怪《论语》上有“季康子患盗”的话。农民暴动的不断爆发，是可以想见的。

---

[1] 越灭吴在哀公二十二年，虽已在《春秋》二百四十二年之外，《左传》仍记此事。

四 《左传》在史学、文学上的地位及其他

中国的重要史书基本上有三种体裁。一是纪传体，是司马迁所创始的，为后世正史所采用。二是编年体，最古的是《春秋经》，最典型的是《通鉴》。三是纪事本末体。第一种是以人为纲领的，第二种是以年代为纲领的，第三种是以事为纲领的。三种各有所长，也各有所短。因为以人为纲领的看不出同时与其他事实的关系；以年代为纲领的只能记这一年的事，和写账一般，不能使人看到这一件事的首尾；以事为纲领的又不能看到同时代的一般情势。然而自汉以来许多史书都是按这三种形式编的。

唯有《左传》不能以这三种形式来衡量。虽然《左传》是按年代编次的，但是当初著作的时候，并不是预备与《春秋经》完全配合的。《春秋经》是《春秋经》，是一种非常简单的编年史，《左传》是约略与《春秋经》时代相同的一部比较详明的史书。现在以《左传》分配于《春秋经》每年之后，这种方式是杜预定的。

《左传》不是按年记流水账的，它对于每一件重要史事的发生经过，都要把前因后果表明出来，甚至微细地方也不遗漏。也不是专注重记事而忽略人物个性的，它对于每一个人物都写得栩栩如生。

《左传》以后，最好的史书当然要推司马迁的《史记》。《史记》虽然独有其体裁，独有其面目，也独有其思想，至于整理旧闻，原原本本，其用意与《左传》是相同的。事实上《史记》中取材于《左传》的也不少，如《十二诸侯年表》之类，对于《左传》更有辅佐之功。就是班固的《汉书》，虽然是断代史，而其《古今人表》一篇，也是从《左传》取材的。所以《左传》不独自成一种史法，而且也开辟后来史学的无数门径。

古人推论《左传》的史法最为明白恰当的，无过于唐代的刘知幾，

他在《史通》中把古来史书分为六体,《尚书》《春秋》《左传》各占一体。但他又说:"古者言为《尚书》,事为《春秋》……逮左氏为书不遵古法,言之与事同在传中……" 那就是说:《尚书》《春秋》虽然是两种不同的体裁,《尚书》记录古代的文献,《春秋》则记录逐年发生的事实,《左传》却把两种任务并于一身,却能繁简适中,使读者读而忘倦。他这些话是非常中肯的。

《礼记》上有一句话:"属词比事,春秋教也。"《左传》对于属词比事这一点是非常注重的。属词是指文词的结构,比事是指事实的贯串。后来的史学文家从这里面得到无穷的启发,因而开辟了无穷的境界。六朝时范宁就说左氏艳而富(见《穀梁集解·序》),唐代韩愈说左氏浮夸。都是形容《左传》文章的多方面变化,不但在汉以前的古书无可相比,汉以后的文章家竟可以说没有一个不学《左传》的。自古文章之美,难于兼擅,长于说理的未必长于叙事,长于叙大事的未必长于叙小事,《左传》却是应有尽有。总而言之,从一部《左传》里面学文章的技巧,是学不完的。

最后我们要谈一谈"《左传》学"。

杜预号为左氏功臣,他所著《左传集解》一直到现在还公认为标准的注本。他是西晋一个世家,身为司马懿女婿,立过军功,做过统帅,在生时就有"武库"的绰号,他自己说有"《左传》癖"。他对于《左传》的见解详见于他的自序中,大意如下:

列国都有国史,各国的国史都有一个名称。《春秋》就是鲁国国史的名称。但自周室衰微,国史不免失职,所记载的不尽合于旧章。孔子根据周公遗制,将鲁史所记重新考订一番,有措词失当的地方就随笔改正,使后人知道真正的是非善恶;左丘明是亲承孔子传授的人,《左传》这部书对于《春秋》有发明推论分析条理的用处,因为他本人也是个史官，看过的书不少，所以能将《春秋》简略的地方加以补充，使读者能将头绪纷繁的史事求得一条线索。

除了所谓正例、变例、归趣三体之外（见前文），他又提出五情之说。一曰微而显，就是说不需要多的文字，就能使人知其微意。二曰志而晦，就是说以简单的文章表明事情的曲折。三曰婉而成章，就是说不必直言而文义已经明白。四曰尽而不污，就是说直书不讳。五曰惩恶而劝善，就是说存是非公道。这三体五情都是杜氏发明《左传》所以传《春秋》的宗旨。《春秋》有这些用意非《左传》不能阐明出来。

平心而论，杜注疏阙的地方也很多，隋代的刘炫就有《规杜》一部书。唐代孔颖达作《正义》，又极力为杜氏辩护。现在孔氏的《正义》是连《春秋经》带《左传》，并杜注一起解释的，是正统的最详细的经传合解。

唐代除正统的杜注而外，又有啖助、陆淳、赵匡等的新学说，他们主张自己用自己的见解，兼采三家来解经。就是韩愈诗里所谓"春秋三传束高阁，独抱遗经究终始"。这种方法打倒汉以来尊重师传的风气。到了宋代，采用这种方法的更多。除注解以外，还有人作改造《左传》的工夫，将《左传》拆散开来，分门别类以便读者。甚至还有人评论《左传》中的人物事实，也成为研究《左传》的一种方式。不过具有学术价值的著作实在不多见。

清代学术是超越宋、明的，尤其是经学。但是对于《左传》的注意比较薄弱，著名的只有顾栋高的《春秋大事表》，洪亮吉的《左传诂》等数种。

过去关于《左传》的研究，大体上可以总括为下列几方面：（一）注解，如杜氏《集解》。（二）重编，如马骕的《左传事纬》。（三）分类作成表谱，如顾氏《大事表》。（四）研究名物训诂，如洪氏《左传诂》。（五）三传比较。（六）文章评点。（七）史事议论。后三种是无足重轻的。

至于近代的《左传》研究，似乎又有了新方向新途径，不久必有新的具体贡献，这是可以预期的。

五　编选本书的意图

像《左传》这样一部繁重的著作，即使粗浅地翻阅一遍，也不是容易的。假使不将那个时代的一般情势先取得一番了解，更会茫然无从下手。选译本书的宗旨是为了适应一般读者的需要，一方面尽可能保存它的本来面目，同时，将其中线索脉络加以联贯，使其首尾比较分明，眉目比较清楚，另一方面减少文字上的困难，使读者能愉快地阅读古书。

在这里，所选取的是《左传》内容当中几个中心课题，将这些有关课题的重要文献荟集贯通起来。选择这些课题的目的，是要让读者掌握这一时期历史发展的大纲，同时也就可以窥见《左传》的全貌。当然不能说在本书所选定的以外，都无可取。不过由于篇幅的关系，暂且举出十个专题，以避免太琐碎太繁重的弊病。

《左传》的文字，一向是受重视的，它对于祖国的文学传统影响很深，因此，它比其他古书，似乎较容易了解些，不过也很有些地方，前人还没有适当地解释；本书的翻译和注解都只取达意为止，不采取过于严格的考证的方式，以免增重读者不必要的负担。

即以地名一项而论，除重要地名已为人所确知的以外，若是较小的地方，或是还不能确指的地方，就从略了。又以字义字音而论，只将易于误会的读音及特殊含义，在初见时举出，至于字典一查便得的，也不再一一加注。

总而言之，这是对于一部内容博大的古书加以选译的尝试，疏漏一定是有的，还希望读者的指示和纠正。

目录

出版说明……………………………………………………… 1
导言……………………………………………………………… 1

一、颍考叔……………………………………………………… 1
二、齐桓公与管仲……………………………………………… 8
三、晋献公与晋文公…………………………………………… 15
四、秦晋争霸…………………………………………………… 38
五、邲之战……………………………………………………… 46
六、华元与向戌………………………………………………… 62
七、鞌之战……………………………………………………… 70
八、鄢陵之战…………………………………………………… 79
九、郑国的内政外交…………………………………………… 89
十、伍员与申包胥…………………………………………… 101

编后记………………………………………………………… 123

一、颍考叔

一、颍考叔

春秋初期的几个诸侯国企图扩张势力，乘机侵夺。国内的公族大夫也是如此。本题之中，第一段是郑庄公和他兄弟之争，第二段是鲁、郑联合向外发动的战争，中间贯以颍考叔一人作线索。

初，郑武公[1]娶于申[2]，曰武姜。生庄公及共[3]叔段。庄公寤生，惊姜氏，故名曰寤生，遂恶之。爱共叔段，欲立之。亟请于武公，公弗许。及庄公即位，为之请制[4]。公曰："制，岩邑也，虢叔[5]死焉。他邑唯命。"请京，使居之，谓之"京城大[6]叔"。

祭仲[7]曰："都城过百雉[8]，国之害也。先王之制，大都不过参[9]国之一，中五之一，小九之一。今京不度，非制也，君将不堪。"公曰："姜氏欲之，焉辟[10]害？"对曰："姜氏何厌之有？不如早为之所，无使滋蔓。蔓，难图也，蔓草犹不可除，况君之宠弟乎？"公曰："多行不义必自毙，子姑待之。"

既而大叔命西鄙、北鄙贰于己。公子吕曰："国不堪贰，君将若之何？欲与大叔，臣请事之；若弗与，则请除之，无生民心。"公曰："无庸，将自及。"大叔又收贰以为己邑，至于廪延。子封曰："可矣，厚将得众。"公曰："不义不暱，厚将崩。"大叔完聚，缮甲兵，具卒乘，将袭郑。夫人将启之。公闻其期，曰："可矣。"命子封帅[11]车二百乘以伐京。京叛大叔段，段入于鄢，公伐诸鄢。五月辛丑，大叔出奔共[12]……

遂寘[13]姜氏于城颍，而誓之曰："不及黄泉，无相见也。"既而悔之。颍考叔为颍谷封人。闻之，有献于公。公赐之食，食舍肉。公问之，对曰："小人有母，皆尝小人之食矣，未尝君之羹，请以遗之。"公曰："尔有母遗，緊[14]我独无。"颍考叔曰："敢问何谓也？"公语之故，且告之悔。对曰："君何患焉？若阙地及泉，隧而相见，其谁曰不然？"公从之。公入而赋："大隧之中，其乐也融融。"姜出而赋："大隧之外，其乐也洩洩[15]。"遂为母子如初。……隐公元年（公元前七二二年）

［1］郑国在今河南新郑附近。［2］申国在今河南南阳附近。［3］共读作恭。［4］制在今河南荥阳东北。［5］此虢国在今河南荥阳附近。［6］古太字都写作大，凡与名词连贯的，如太庙、太子等，都是这样写法。［7］祭读作蔡。［8］长三丈高一丈为一雉，是古代建筑量法之一。［9］参即三字的意思。［10］凡逃避之避古写作辟。［11］凡作动词用的帅字读作率。［12］共国在今河南辉县。［13］寘即古置字。［14］緊读作伊，是一种发语词。［15］洩在此处读作异，也是形容欢乐的意思。

【译文】当初郑武公娶的是申国之女，称为武姜，姜氏生下庄公和共叔段。据说庄公是在姜氏一觉醒来就生下来的[1]，姜氏受了一惊，所以一直不喜欢他而爱共叔段，想立共叔段作太子，曾经几次向武公请求，武公都没有答应。后来庄公做了国君，姜氏就替共叔段要求一块地方作他的封邑，这地方名为"制"。庄公说："制是一块形势险要的地方，从前虢叔就是死在那里的。要是别的地方，我一定答应。"于是姜氏又替共叔段指明要求京，庄公答应，叫他住过去了。所以人家都称他为京城太叔。

祭仲说："一个都邑的城墙宽大超过三百方丈，那是要危害国家的。先王所定的制度，大的都邑只可等于国的都城的三分之一，中等的五分之一，小的九分之一。现在的京城不合这种规定，这就违反了制度，你将会受害的！"庄公说："姜氏要这样做，叫我有什么办法能不受害呢？"祭仲说："姜氏哪有满意的时候？不如早点想办法，不要让它蔓延开来，蔓延开来就难办了。蔓草尚且无法划除，何况国君的宠弟？"庄公说："让他坏事做得多了，自然要败亡的，你等着看吧！"

后来太叔命令西北两边的城邑也要归他管。公子吕就向庄公说："一个国家要归两方面共管，是受不了的。你怎样办呢？若是让给太叔，那么，我就去服事他，若不让，那么，就请把他灭掉，不要使人生出别的心思。"庄公说："不必，他会自作自受的。"

不久，太叔又把两方面共管的地方完全收归自己作为封邑，一直扩充到廪延。子封（公子吕）说："可以了，再要扩充起来，人心要全部归附他了。"庄公说："他既然不行正义，又不顾亲谊，扩充也只是加速崩溃。"太叔把城邑修好，把人民集合起来，造兵器，编军队，预备突击郑的国都。姜氏正要作内应，庄公连他们预定的日期都知道了，这才说："这回可以了。"就叫子封带兵车二百乘[2]伐京，京人不服从太叔段，他只好逃到鄢，庄公又追到鄢。五月辛丑这一天，太叔出奔共国。

从此庄公便将姜氏安置在城颍，并且对她发了一个誓，说："除非到了地下的黄泉，才能见面！"庄公后来也懊悔起来。恰好颍考叔作颍谷地方官，听见这件事，就献了点东西给庄公，庄公款待他吃饭。吃的时候，他把肉放在一边，庄公问他什么道理，他说："我的母亲，什么东西都吃过了，只没有吃过国君的御膳，我想带回去给她。"庄公说："你倒有母亲，可以送东西给她，独我没有，真可叹呀！"颍考叔说："这话怎么说？"庄公就把其中缘故讲给他听，并且告诉他现在懊悔得很。他说：

“那有什么难处？只要掘地见水，在隧道中相见，谁能说不对呢？”庄公听了他的话，进去的时候就唱着歌说：“大隧之中，其乐也融融。”他的母亲姜氏出来，也唱着歌说：“大隧之外，其乐也洩洩。”母子的感情就从此恢复了。

［1］有人说“寤生”是难产，不是睡觉醒来生的，这一说似乎合理些。

［2］依旧说，兵车一乘，附步兵七十二人。所以二百乘是一万五千人的兵力。

夏，公会郑伯于郲，谋伐许[1]也。郑伯将伐许，五月甲辰，授兵于大宫。公孙阏[2]与颍考叔争车，颍考叔挟辀[3]以走，子都拔棘[4]以逐之。及大逵，弗及。子都怒。秋七月，公会齐侯、郑伯伐许。庚辰，傅于许。颍考叔取郑伯之旗蝥弧以先登，子都自下射之，颠。瑕叔盈又以蝥弧登，周麾而呼曰：“君登矣。”郑师毕登。壬午，遂入许。许庄公奔卫。

齐侯以许让公，公曰：“君谓许不共[5]，故从君讨之。许既伏其罪矣，虽君有命，寡人弗敢与闻。”乃与郑人。

郑伯使许大夫百里奉许叔以居许东偏，曰：“天祸许国，鬼神实不逞于许君，而假手于我寡人。寡人唯是一二父兄，不能共亿，其敢以许自为功乎？寡人有弟，不能和协，而使糊其口于四方，其况能久有许乎？吾子其奉许叔以抚柔此民也，吾将使获也佐吾子。若寡人得没于地，天其以礼悔祸于许，无宁兹，许公复奉其社稷。唯我郑国之有请谒焉，如旧昏[6]媾，其能降以相从也。无滋他族，实逼处此，以与我郑国争此土也。吾子孙其覆亡之不暇，而况能禋[7]祀许乎？寡人之使吾子处此，不唯许国之为，亦聊以固吾圉也。”乃使公孙获处许西偏，曰：“凡而器用财贿，无置于许，我死，乃亟去之。吾先君新邑于此，王室而既卑矣，周之子孙日失其序。夫许，大岳之胤也，天而既厌周德矣，吾其能与许争乎？”隐公十一年（公元前七一二年）

［1］许国在今河南许昌东。［2］阏读作遏。［3］辀是车辕。［4］棘就是戟。［5］古供字、恭字都作共。［6］古婚字作昏。［7］禋读作因，是祭享的意思。

【译文】 夏天，鲁隐公和郑庄公相会于郲的地方，就是为商量伐许国之事。郑庄公预备伐许国。五月甲辰这一天，在太庙前发给兵器[1]。公孙阏和颍考叔为同一辆兵车争夺起来，颍考叔挟起车辕就跑，子都（公孙阏）拔起一枝戟去追，跑到大街，没有赶上。子都恨极了。秋七月，鲁隐公会同了齐侯、郑伯去伐许。庚辰这一天，进迫许国都城。颍考叔取郑伯的军旗名为“蝥弧”的先上了城，却被子都从下面一冷箭射去，掉了下来。瑕叔盈跟着取了“蝥弧”上去，拿旗子四周一摇说：“国君已经上城了！”郑兵听了，一齐上去。第三天就正式占领了许国，许庄公出奔到卫国去了。

齐侯拿许国让给鲁隐公，隐公说：“是你说许国不供职贡[2]，所以要讨伐它，它既然伏了罪，即使你有这话，我也不敢与闻。”于是改交给郑国。

郑庄公就叫许国大夫百里推戴许君的兄弟居于许国东部，告诉他：“天降祸于许国，鬼神对于许君不甚满意，所以假手于我来讨伐他。我对自己一二父兄尚且不能供养，怎敢以攻克许国算我的功劳呢？我自己有个兄弟，尚且不能和睦，以致他流落在外面寄食，怎能长久占有许国呢？请你推戴许君的兄弟来安抚人民吧。我再派公孙获去帮帮你。假若我死了，或者天会加以恩礼，对于许国的灾祸后悔起来；不但如此，如果许君重来主持国政，那时，我们郑国和老亲戚一般，来来往往，总还肯跟我们打交道吧。不要让其他国家侵略过来，和郑国争夺这块国土。否则，我们的子孙连亡国都来不及了，怎能享有许国呢？我现在让你安顿在这里，并不只是为你们许国，也是为保障我们自己的边疆啊！”于是派公孙获驻在许国西部，告诉他：“所有你的财物，都不要存在许国，我一死，你就立刻撤走。我们的先君新近才建造这个地方[3]，王室已经很衰弱了，周室的子孙一天天失去原来地位。这许国乃是太岳的后裔[4]，天既厌弃了周的德行，我又怎能和许国相争呢？”

［1］古时太庙前面是大众集合的地方，所以在这里分配兵器。［2］这里可以看出春秋时代的战争，多半是为的大国要勒索小国的贡税。［3］郑国本在关中，随平王东迁，才建新郑。［4］郑国与周室都是姬姓，而太岳的后裔是姜姓，这里的意思是说周室的统治力量已经渐渐削弱，姜姓的国家是不可轻视的。太岳据旧注是尧时四岳，这个名词尚难有正确解释。

二、齐桓公与管仲

二、齐桓公与管仲

齐国从太公望始封之后，就利用山东半岛的经济地理条件，很快地发展工商业，因而取得优越的地位，到了桓公（开国的第十五君），倚仗商人出身的管仲来领导政治。齐国以实力为后盾，表面上主持公道，仗义执言，使强的有所忌惮，弱的也稍有保障。实际上是保持对于当时诸侯国的贡纳权。这便是所谓齐桓公的“九合诸侯一匡天下”。在王室衰微以后，这件事算是比较能起作用的。

这种功业都是通过管仲一手经营的，他的经济、政治、军事主张，在《管子》书和《史记》里表现得稍多，《左传》只记他的事迹。

……初襄公立无常，鲍叔牙曰：“君使民慢，乱将作矣。”奉公子小白出奔莒。乱作，管夷吾召忽奉公子纠来奔……鲍叔帅师来言曰：“子纠亲也，请君讨之。管召雠[1]也，请受而甘心焉。”乃杀子纠于生窦[2]，召忽死之，管仲请囚，鲍叔受之，乃堂阜[3]而税之。归而以告曰：“管夷吾治于高傒，使相可也。”庄公八年、九年（公元前六八六、前六八五年）

［1］古仇字写作雠。［2］生窦，在今山东菏泽市境内。［3］堂阜，在今山东蒙阴县西北。

【说明】 小白就是后来的齐桓公，他和公子纠两人都有继位的资格，管仲（夷吾是他的名字）原来是公子纠方面的人，但由于鲍叔牙的推荐，桓公便不记前仇，用他作宰相。

【译文】 ……当初襄公在位，政治没有上轨道，鲍叔牙说："国君号令人民而不严肃，乱事就要发生了。"于是拥护公子小白出居莒国。后来乱事发生，管夷吾、召忽也拥护公子纠到鲁国来了。……鲍叔牙带了兵向鲁国交涉说："子纠是我们自己人，请你替我们办他的罪吧，至于管仲、召忽，是我们的仇人，想请你交给我们自己来办。"于是鲁国在生窦地方把子纠杀死。召忽也跟着死了。管仲却自愿作俘虏，鲍叔接收过去之后，走到堂阜地方，就将他释放了。鲍叔回到齐国报告桓公说："管夷吾治事才能比高傒[1]强得多，是可以请他作宰相的。"

[1] 高傒是齐国的世卿，鲍叔居然主张用一个没有资历的管仲作相，这是世卿制度动摇的开端。据《史记》的纪载，管仲还是商人出身，更是当时的一种不循常轨的举动。

冬十二月，狄人伐卫[1]。卫懿公好鹤，鹤有乘轩[2]者。将战，国人受甲者皆曰："使鹤，鹤实有禄位，余焉能战？"……卫师败绩，遂灭卫……齐侯使公子无亏帅车三百乘、甲士三千人以戍曹[3]。归公乘马，祭服五称，牛羊豕鸡狗皆三百，与门材。归夫人鱼轩[4]，重锦三十两。

僖之元年，齐桓公迁邢[5]于夷仪，二年，封卫于楚丘，邢迁如归，卫国忘亡。卫文公大布之衣，大帛之冠，务材训农，通商惠工，敬教劝学，授方任能。元年革车三十乘，季年乃三百乘。闵公二年（公元前六六〇年）

[1] 卫国初都朝歌，今河南淇县。 [2] 轩是大夫阶级所乘的车。鹤坐车似乎有点费解，有人说鹤是一个地名，指那地方的人，不是鸟。 [3] 曹亦作漕，是地名，不是国名。 [4] 国君夫人所坐的车，用鱼皮装饰的，名为鱼轩。 [5] 邢国在今河北邢台附近。

【说明】 这是齐桓公抑强扶弱的表现。邢卫两国已经亡国而又复兴，固然靠齐国帮助，但卫文公艰苦奋斗，努力建设，还是值得肯定的。

【译文】 冬天十二月，狄人去伐卫国。卫懿公喜欢养鹤，鹤的待遇有相当于大夫职位的。到了要交战的时候，那些受武装的国人都说："叫鹤去打吧，我们哪会打仗？"……卫兵大败，狄兵就把卫国灭掉了。……齐桓公叫公子无亏带了三百辆战车和三千甲士驻守曹地，保护卫国的遗民。送给卫君的是四匹马，五套祭服，牛羊等都是三百只，加上建筑材料。又送卫夫人一辆国君夫人所坐的车，上好的锦缎三十匹。

僖公元年，齐桓公将邢国迁到夷仪，二年，将卫国重新封在楚丘，邢国的人迁过去好像回家一样，卫国的人也好像忘记了亡国一样[1]。卫文公衣冠非常俭朴，还提倡生产，奖励工商，注重教育，选拔人才。所以开始时只有兵车三十辆，后来就有三百辆了。

[1] 这几句话是说齐桓公援助邻国的周到之处。

四年春，齐侯以诸侯之师侵蔡[1]，蔡溃，遂伐楚。楚子使与师言曰："君处北海，寡人处南海，唯是风马牛不相及也。不虞君之涉吾地也，何故？"管仲对曰："昔召康公命我先君大公[2]曰：'五侯九伯，女实征之，以夹辅周室。'赐我先君履，东至于海，西至于河，南至于穆陵，北至于无棣。尔贡包茅不入，王祭不共，无以缩酒。寡人是征。昭王南征而不复，寡人是问。”对曰：“贡之不入，寡君之罪也，敢不共给？昭王之不复，君其问诸水滨！”师进，次于陉。夏，楚子使屈完如师，师退，次于召陵[3]。齐侯陈诸侯之师，与屈完乘而观之。齐侯曰：“岂不穀[4]是为？先君之好是继，与不穀同好如何？”对曰：“君惠徼福于敝邑之社稷，辱收寡君，寡君之愿也。”齐君曰：“以此众战，谁能御之？以此攻城，何城不克？”对曰：“君若以德绥诸侯，谁敢不服？君若以力，楚国方城[5]以为城，汉水以为池，虽众无所用之。”僖公四年（公元前六五六年）

［1］蔡国初都上蔡（今属河南）。［2］太公望是齐国始封之君。［3］召陵在今河南郾城东。［4］不穀是君主自称之词，与孤或寡人意义相同。［5］方城山在今河南叶县、方城县境。

【译文】 四年春，齐桓公带了列国的兵侵入蔡国，蔡国的兵溃散了。顺便就伐楚国。楚王派人到军前说：“你的地方在北海，我的地方在南海[1]，就是马牛散走，也不会有牵涉的，实在想不到你会到我这地方来，究竟是什么道理？”管仲代为答复说：“从前召康公指令我们的先君太公说：‘诸侯有罪，你可以讨伐他们，也好辅佐周室。’颁赐我们先君的疆域是东到海，西到黄河，南到穆陵，北到无棣。你们久已不贡包茅，使王的祭祀没有可以缩酒的东西[2]。这是我所要征求的。从前昭王南征，死在路上，这是我所要查究的。”对方就说：“没有进贡，确是我们国君的错，怎敢不照旧供应？至于昭王死在路上，请你向水边的国家去查究吧。[3]”大军还是前进，驻在陉的地方，到了夏天，楚王派屈完到军前交涉，大军才退驻召陵。齐侯排齐了列国军队，同着屈完乘车检阅一遍。齐侯乘便说起："他们难道是为我吗？无非要继续我们上代的交情。不知道你们肯不肯也和我友好？"对方说："你肯让我们的国家也沾到恩惠，不轻视我们的国君，那正是我们国君求之不得的了。"齐侯说："以这样的兵来作战，有谁能当得住？以它来攻城，又有什么城攻不下？"对方说："你若以恩德来安抚诸侯，谁敢不服？你若单靠武力，那么，楚国有方城的山可以作城垒，有汉水可以作壕沟，纵使兵多，有什么用呢？"

［1］齐国东境靠北海，楚国南境靠南海。［2］用茅缩酒是古时祭祀的一种礼节，详细情形已不知道。［3］意思说：那时楚国国境还没有到那个地方，所以不能负责。

秋，齐侯盟诸侯于葵丘[1]，曰："凡我同盟之人，既盟之后，言归于好。"宰孔先归，遇晋侯，曰："可无会也。齐侯不务德而勤远略。故北伐山戎，南伐楚，西为此会也。东略之不知，西则否矣，其在乱乎！君务靖乱，无勤于行。"晋侯乃还。僖公九年（公元前六五一年）

［1］葵丘在今河南兰考县境内。

【说明】 这一段指出这次的同盟是齐桓公最大的成就，但也已到了顶点，不能再持久了。这时的晋献公也是个野心家，和齐桓公一样，但知扩张国势，都没有料到不久要死，死后就发生内乱。

【译文】 齐桓公召集诸侯在葵丘定了一个盟约说："凡属我们的同盟，经过此次盟约，都要重新和好。"宰孔在定盟之后，先回周国。路上遇见晋侯正要去赴会，他就说："不必去了，齐侯不注重道德，只知道扩张势力，所以北伐山戎，南伐楚，西边又开这一次的会。是不是还要向东发展,那我不知道,可是向西是再不会的了。你自己小心时政的变乱，注意内部的安定吧，不必再奔波了。”于是晋侯就回去了。

三、晋献公与晋文公

三、晋献公与晋文公

春秋开始时，曲沃地方的强大家族把原来的晋国灭了，就变成了后来的晋国。这事约在与齐桓公的时代相同。向外逐步发展以后，吞并了许多小国。此时国君是献公。他晚年宠爱一个妃子，把太子杀了，叫小儿子继承他，其余的儿子又把小儿子杀了，先由惠公继位，惠公死后，怀公继位，他的伯父重耳，经过十九年亡命之后，藉着秦国的后援，自立为国君。这就是文公。由于他手下有些特出的人才，正逢齐国衰败，没有盟主，他就继起称霸，从此晋国的国势就巩固起来，在春秋时代，成为列国的重心。

初，晋献公欲以骊[1]姬为夫人，卜之不吉，筮之吉。公曰："从筮。"卜人曰："筮短龟长，不如从长。且其繇[2]曰：'专之渝，攘公之羭，一薰一莸[3]，十年尚犹有臭。'必不可。"弗听，立之。生奚齐，其娣[4]生卓子。及将立奚齐，既与中大夫成谋。姬谓大子曰："君梦齐姜，必速祭之。"大子祭于曲沃，归胙于公。公田，姬置诸宫六日，公至，毒而献之。公祭[5]之地，地坟。与犬，犬毙。与小臣，小臣亦毙。姬泣曰："贼由大子。"大子奔新城。公杀其傅杜原款。或谓大子："子辞，君必辩焉。"大子曰："君非姬氏，居不安，食不饱，我辞，姬必有罪，君老矣，吾又不乐。"曰："子其行乎！"大子曰："君实不察其罪，被此名也以出，人谁纳我？"十二月戊申，缢于新城。姬遂谮二公子曰："皆知之。"重耳奔蒲[6]，夷吾奔屈[7]。僖公四年（公元前六五六年）

[1]骊国在今陕西临潼附近。[2]繇读作胄，是占卜的话。[3]薰是香的草，莸是臭的草。[4]古时女子出嫁，还有随同出嫁的人，这就是所谓娣。[5]古时吃饭的时候分一点出来放在地上，叫作祭。[6]蒲在今山西隰县西北。[7]屈在今山西吉县北。

【说明】 这一段指出晋国内乱的根源在献公的年老糊涂。骊姬为了要保障自己母子的安全，所以先把太子害死，再将其余两个——重耳、夷吾，一网打尽。骊姬所放在肉里面的毒药，必须临时使用，方能有效，但太子的祭肉却是在六天以前送来的。这个漏洞，其实一问就可以问出来。可见献公完全被她迷惑住了。

【译文】 当初，晋献公想立骊姬作夫人。先用龟卜一下，结果不吉利，改用蓍草的筮法，结果却是吉利的。献公说："那就依筮吧。"卜人说："不可[1]。"献公不听他的话，到底把她立了作夫人。生下的是奚齐。陪嫁的生下卓子。现在预备改立奚齐作太子，已经和内廷的官吏商量定了。骊姬对（旧）太子说："国君新近梦见了你的母亲齐姜，你应该赶快祭她一祭。"太子信了，就到曲沃老家去上祭，回来把祭肉送给献公。恰好献公打猎去了。骊姬把祭肉留在宫里，过了六天，等献公回来，加上毒酒献上去。献公把它泼一点在地上看看，地就涨裂起来，给狗吃，狗死了，给侍者吃，侍者也死了。于是骊姬哭起来说："这明明是太子的阴谋呀！"太子听见，知道祸事要到，就逃往新城。献公没有抓到太子，就把他的师傅杜原款杀了。有人替太子出主意说："何不自己去解说一下呢？国君自然会恍然大悟的。"太子说："我的君父若没有姬氏，起居也不得安，饮食也不得饱，我若解说明白了，那就证明姬氏是有死罪的。君父年纪大了，我又并不快活，那又何必呢？"人家说："那末，你出国去吧！"

太子说："君父并不知道我是无罪的。我负了一个谋杀君父的罪名，有了这种恶名，还有谁肯收容我？"于是自缢而死。骊姬连其余两个公子也想加以谗害，说："他们是同谋的。"重耳和夷吾就只好各奔各的本城，蒲与屈去了。

［1］卜人所说的话现在已经不容易懂，繇词是当时占卜用的一套话，比后世的籤诗更不可解，今从略不译。

初，晋侯使士蒍为二公子筑蒲与屈，不慎，寘薪焉。夷吾诉之，公使让之。士蒍稽首而对曰："臣闻之，无丧而戚，忧必雠焉；无戎而城，雠必保焉，寇雠之保，又何慎焉？守官废命不敬，固雠之保不忠。失忠与敬，何以事君？诗云：怀德惟宁，宗子[1]惟城。君其修德而固宗子，何城如之？三年将寻师焉，焉用慎？"退而赋曰："狐裘龙茸[2]，一国三公，吾谁适从？"

及难，公使寺[3]人披伐蒲，重耳曰："君父之命不校。"乃徇曰："校者吾雠也。"踰垣而走，披斩其袪，遂出奔翟[4]。僖公五年（公元前六五五年）

［1］宗子是同姓的子弟。［2］龙音蒙，龙茸是纷乱的意思。［3］寺人就是太监。［4］翟即狄国，有赤狄、白狄二种，赤狄在今山西长治、屯留一带，白狄在今陕西延安、延长，山西离石、石楼一带。

【译文】 当初晋献公派士蒍替重耳和夷吾建筑蒲屈二城，因为不小心，以致土中杂有干草。夷吾把这事向献公报告上去，献公就叫人申斥士蒍，士蒍叩头答道："据我说知：不因死丧而哀戚，则忧愁的事必来和他作对；不因战争而筑城，则仇敌必来占领。既是仇敌要来占领，又何必小心？作事而违抗上级的命令，是不敬；明知仇敌要来占领，而又去加固起来，是不忠，不忠不敬，都不可以事君。《诗经》上说：怀德就是安宁，宗子就是城垣，你若修德而加强宗子，不是比筑城还好吗？三年就要用兵的，何必小心呢？”说完这话，退下来就作了几句诗：“狐裘龙茸，一国三公，吾谁适从？”（意思是说：那班着狐裘的贵人乱糟糟的，一国三个主人，我到底听谁的话呢？）后来祸事发作，献公派寺人披伐蒲，重耳说：“君父的命令是不可以抗拒的。”同时遍告手下的人说：“谁敢抗拒，就是我的敌人！”当下就跳墙逃走，寺人披连忙追上去，一刀砍去，砍断了他的袖子。从此重耳就逃往翟国了。

九月，晋献公卒。里克、丕郑欲纳文公，故以三公子之徒作乱。初，献公使荀息傅奚齐。公疾，召之曰：“以是藐诸孤，辱在大夫，其若之何？”稽首而对曰：“臣竭其股肱之力，加之以忠贞。其济，君之灵也。不济，则以死继之。”公曰：“何谓忠贞？”对曰：“公家之利，知无不为，忠也。送往事居，耦俱无猜，贞也。”及里克将杀奚齐，先告荀息曰：“三怨将作，秦晋辅之。子将何如？”荀息曰：“将死之。”里克曰：“无益也。”荀叔曰：“吾与先君言矣，不可以贰。能欲复言而爱身乎？虽无益也，将焉辟之？且人之欲善，谁不如我？我欲无贰而能谓人已乎？”冬十月，里克杀奚齐于次……十一月，里克杀公子卓于朝，荀息死之。……

僖公九年（公元前六五一年）

【译文】 ……晋献公死后，里克和丕郑想让文公回国作国君，所以发动太子申生和重耳、夷吾三人的党羽作乱。原来当初献公委派荀息保护奚齐，后来病了，就叫了他来说：“可怜这样小的孩子们，只好费你的心多加照顾了，你打算怎样？”荀息叩了个头说：“我只有竭尽我的力量，加上一分忠贞的心来保护。成功是你的运气，不成功我只好拿命拼了。”献公问他：“你所谓忠贞是什么意思？”他说：“有利于公家的事，只要我知道，一定去实行，这就是忠。把过去的送走，对现存的服从，大家不要彼此猜忌，这就是贞。”等到里克预备要杀奚齐，先通知荀息说：“三家仇人都要动手了，秦国晋国都肯作后援，你打算怎样呢？”荀息说：“那我只有牺牲了。”里克说：“这是没有用的。”荀息说：“我和先君有话在前，不能负心。一个人想守信用怎能又舍不得性命？虽明知无益，但又有什么法子逃避呢？不过还有一点，别人想做好人，谁又不和我一样？我自己不肯负心，又怎肯制止别人不忠于君呢[1]？”冬十月，里克就在丧次把奚齐杀了，……十一月，里克又在朝廷上把卓子也杀了，荀息跟着死了。

［1］末了这几句的意思是：你们要贯彻你们的主张，我也不能禁止你们，只好各行其是了。

晋郤芮使夷吾重赂秦以求入，曰：“人实有国，我何爱焉？入而能民，土于何有？”从之。齐隰朋帅师会秦师纳晋惠公。僖公九年（公元前六五一年）

晋侯杀里克以说。将杀里克，公使谓之曰：“微子则不及此。虽然，子弑二君与一大夫，为子君者不亦难乎？”对曰：“不有废也，君何以兴？欲加之罪，其无辞乎？臣闻命矣。”伏剑而死。于是丕郑聘于秦，且谢缓赂，故不及。

丕郑之如秦也，言于秦伯曰：“吕甥、郤称、冀芮实为不从。若重问以召之，臣出晋君，君纳重耳，蔑不济矣。僖公十年（公元前六五〇年）

【译文】 晋郤芮教夷吾用大的代价要求秦国援助他回国。他说："国家在别人手里，我们何必舍不得？只要能回国，有了民众，还怕没有地方？"夷吾就听从了他的话。齐国果然派隰朋带兵联合秦兵把夷吾护送回国，立他为君。这就是晋惠公。

晋惠公不能不表明自己不是篡夺来的，所以把乱事的责任归在里克身上。预备把里克杀掉，先差人告诉他一番话说："不是你，我不会有今天。但是你杀了两个君上（奚齐、卓子）和一个大夫（荀息），作你的君上不也太难了吗？"里克说："没有被废除的，你怎么会兴起的？你硬要加上我的罪名，还怕没有理由吗？你的意思我也明白了。"当时就自己倒在剑锋上死了。这时丕郑正奉命访问秦国，并且表明暂时不交出所应许割让的地方，所以没有遭难。

丕郑到秦国就对秦伯说："不肯交出地方的就是吕甥、郤称、冀芮三人。假使你肯多送点东西给他们，把他们叫来，我就可以把晋君驱逐出去，你再另把重耳送回，事情就没有不成的了。"

冬晋荐饥，使乞籴于秦，秦伯谓子桑："与诸乎？"对曰："重施而报，君将何求？重施而不报，其民必携，携而讨焉，无众必败。"谓百里："与诸乎？"对曰："天灾流行，国家代有，救灾恤邻，道也，行道有福。"丕郑之子豹在秦，请伐晋。秦伯曰："其君是恶，其民何罪？"秦于是乎输粟于晋，自雍及绛相继。命之曰泛舟之役。僖公十三年（公元前六四七年）

冬秦饥，使乞籴于晋，晋人弗与。庆郑曰："背施无亲，幸灾不仁，贪爱不祥，怒邻不义。四德皆失，何以守国？"虢射[1]曰："皮之不存，毛将安傅[2]？"庆郑曰："弃信背邻，患孰恤之？无信患作，失授必毙。

是则然矣。”虢射曰：“无损于怨而厚于寇，不如弗与。”庆郑曰：“背施幸灾，民所弃也。近犹仇之，况怨敌乎？”弗听。退曰：“君其悔是哉！”

僖公十四年（公元前六四六年）

[1] 作人名用的射都读作亦。 [2] 傅与附字意义相同。

【译文】 晋国两次灾荒，派人往秦国请求买粮食。秦伯问子桑：“允许不允许呢？”子桑说：“若是我们施了大恩而能得到报酬，那还要怎样？若是施了大恩而得不到报酬，那么，他们人民必不齐心，不齐心再加以讨伐，民众就不会拥护它，也就必然失败。”又问百里：“允许不允许呢？”百里说：“天灾流行，是国家常有的事。救灾恤邻，是合乎人道的，合乎人道的必有福。”此时丕郑的儿子丕豹正在秦国，要求伐晋。（因为丕郑已经被晋国杀了，所以丕豹想报仇。）秦伯说：“他们的国君虽然可恶，他们的人民有什么罪？”于是秦国向晋国运粮，从雍（秦的都城）到绛（晋的都城）不绝于路。这件事大家称为“泛舟之役”。（因为是利用水路交通的。）

第二年冬天秦国也闹灾荒了，派人往晋国请求买粮食，晋国却不允许。庆郑说：“忘记人家的恩惠是无亲。人家有灾难却以为快心的事，是不仁。舍不得东西给人，是不祥。激怒邻国，是不义。四种美德都失掉了，如何能守得住国家？”虢射说：“皮都没有了，毛又怎能粘得上去？”庆郑说：“背信弃义，亏负邻国，我们有了患难，谁肯照顾我们？不守信义必然惹祸，失去援助必然败亡，这是一定的了。”虢射说：“人家对我的怨恨，并不能因此减少，徒然资助了敌人，还是不要给的好。”庆郑说：“又背负了人家的恩惠，又以人家的灾难为快心的事，这是民众所唾弃的。自己的人都会仇恨我们，何况有仇的敌人呢？”这话始终没有被采纳。

庆郑下去就说："他有一天会要懊悔这件事的！"

晋侯之入也，秦穆姬属贾君焉。且曰，尽纳群公子。晋侯烝[1]于贾君，又不纳群公子，是以穆姬怨之。晋侯许赂中大夫，既而皆背之。赂秦伯以河外列城五，东尽虢略，南及华山，内及解[2]梁城，既而不与。晋饥，秦输之粟。秦饥，晋闭之籴，故秦伯伐晋。

九月，晋侯逆秦师，使韩简视师。复曰："师少于我，斗士倍我。"公曰："何故？"对曰："出因其资，入用其宠，饥食其粟，三施而无报，是以来也。今又击之，我怠秦奋，倍犹未也。"公曰："一夫不可狃，况国乎？"遂使请战，曰："寡人不佞，能合其众而不能离也。君若不还，无所逃命。"秦伯使公孙枝对曰："君之未入，寡人惧之。入而未定列，犹吾忧也。苟列定矣，敢不承命？"韩简退曰："吾幸而得囚。"

壬戌，战于韩原……秦获晋侯以归。晋大夫反首拔舍从之。秦伯使辞焉，曰："二三子何其戚也。寡人之从君而西也，亦晋之妖梦是践，岂敢以至？"晋大夫三拜稽首曰："君履后土而戴皇天，皇天后土，实闻君之言，群臣敢在下风。"

穆姬闻晋侯将至，以大子罃、弘与女简、璧登台而履薪焉。使以免服衰[3]绖逆，且告曰："上天降灾，使我两君匪[4]以玉帛相见，而以兴戎。若晋君朝以入，则婢子夕以死。夕以入，则朝以死。唯君裁之。"乃舍诸灵台。

大夫请以入。公曰："获晋侯，以厚归也。既而丧归，焉用之？大夫其何有焉？且晋人戚忧以重我，天地以要我，不图晋忧，重其怒也。我食吾言，背天地也。重怒难任，背天不祥，必归晋君。"公子絷曰："不如杀之，无聚慝焉。"子桑曰："归之而质其大子，必得大成。晋未可灭而杀其君，只以成恶。且史佚[5]有言曰，无始祸，无怙乱，无重怒。重怒难任，陵人不祥。”乃许晋平[6]。

晋侯使郤乞告瑕吕饴甥，且召之。子金教之言曰：“朝国人而以君命赏。且告之曰，孤虽归，辱社稷矣，其卜贰圉也。”众皆哭。晋于是乎作爰田[7]。吕甥曰：“君亡之不恤而群臣是忧，惠之至也，将若君何？”众曰：“何为而可？”对曰：“征缮以辅孺子。诸侯闻之，丧君有君，群臣辑睦，甲兵益多。好我者劝，恶我者惧，庶有益乎？”众说[8]。晋于是乎作州兵。

十月，晋阴饴甥[9]会秦伯，盟于王城。秦伯曰：“晋国和乎？”对曰：“不和。小人耻失其君而悼丧其亲，不惮征缮以立圉也。曰：‘必报仇，宁事戎狄。’君子爱其君而知其罪，不惮征缮以待秦命。曰：‘必报德，有死无二。’以此不和。”秦伯曰：“国谓君何？”对曰：“小人戚，谓之不免。君子恕，以为必归。小人曰：‘我毒秦，秦岂归君？’君子曰：‘我知罪矣，秦必归君。’贰而执之，服而舍之，德莫厚焉，刑莫威焉，服者怀德，贰者畏刑。此一役也，秦可以霸。纳而不定，废而不定，以德为怨，秦不其然！”秦伯曰：“是吾心也。”改馆晋侯，馈七牢焉。

僖公十五年（公元前六四五年）

［1］烝是与长辈女子通奸的意思。［2］地名之解字读作蟹。［3］免读作问，衰读作催，都是古时丧服的名称。［4］匪在古文字中作不是解。［5］史佚是一个古时的史官。［6］平是讲和的意思。［7］爰田大概是从国君名下的土地分出来给其他贵族的。［8］古悦字作说。［9］即瑕吕饴甥。

【译文】 晋惠公回国的时候，秦穆公夫人（晋惠公之姊）将她的母亲贾君托他照顾，并且嘱咐他把一班（避难的）公子都叫回国。惠公却私通贾君，又并不把一班公子叫回国，所以穆公夫人恨他。惠公曾经应许酬劳国内的大夫，后来都不履行。应许把黄河以南五个城邑——东边包括虢国的疆界，南边到华山，河以内到解梁——给秦国，后来也都没有交割出去。晋国闹饥荒，秦国接济粮食，秦国闹饥荒，晋国却不卖谷子，有此种种原因秦穆公就对晋国用兵了。

九月，晋惠公迎着前进的秦兵，并派韩简观察敌兵的强弱。回来报告说："兵数虽比我们少，可是能战斗的却比我们加倍的多。"惠公说："这话怎讲？"他说："逃亡的时候，靠他的接济，回国的时候，靠他的势力，饥荒的时候，吃他的粮食。三次施恩，没有得到报酬。他来就是为此。现在我们打他，我们的士气不振，秦国却是勇气勃勃，其实还不止于加倍呢！"惠公说："对个人尚且不能轻视，何况我们一国？"当下就约期交战，说："我是没有能力的，只会把我的部下召集起来，却不会解散，如果你不退兵，那我就也无法逃避了。"秦穆公派公孙枝（子桑）回答说："你未曾回国的时候，我还替你担心事，回国而未曾安排好，我依然不放心。只要你安排好了，怎敢不依你的指教？"韩简下来就说："我若能作俘虏，还算万幸。"

秦晋战于韩原的结果，秦穆公把晋惠公俘虏了回去，晋国的大夫都蓬着头，睡在草地，一直跟着。秦穆公叫人止住他们说："各位何必这样伤心？我同你们的国君往西走，也无非应验你们晋国的妖梦罢了[1]。怎么敢把他虏来呢？"晋国的大夫就拜了三次叩头说："你头上有天，脚下有地，天地都听见你这话的，我们大家就在这里候命了。"

穆公夫人听说兄弟晋惠公将要到了，就带着两子两女登上一个高台，脚下踹着干草[2]，叫人穿上丧服迎上去说："上天降灾，使两国之君不能和平相见，而出于战争。果真把晋君今天早晨虏进来，我就今天晚上死，今天晚上虏进来，我就明天早晨死，请你考虑吧！"（"上天降灾"以下几句，据《正义》说,是古本《左传》所无的。)于是只得把晋惠公安置在灵台。一班大夫都请求把晋君虏回去，穆公说:“俘虏晋侯，原是为的使凯旋的军队有光彩。若是回来死了人(指穆公夫人或许要因此自杀),那又何苦?各位大夫又有什么好处?而且晋国人这样地伤心来感动我们，用天地的誓言来要挟我们，若不顾晋国人的忧苦，那就是加深他们的愤怒，我若取消我的诺言，那就是违背天地。加深愤怒，难以承当，背天也是不祥的事，所以晋君是一定要送回去的。”公子縶说:“还是杀掉他，不要再让他们相聚为恶。”子桑说:“我们不妨把他的太子留作抵押，而把他放回去。这样可以得到有利的和平。既不能把晋国灭掉，若杀掉它的国君，徒然激成一种仇恨。并且史佚有句话:不要主动开启祸端，不要仗恃别人有内乱，不要加深愤怒。加深愤怒就难以承当，欺人过甚也是不详的事。”这样就应允晋国讲和了。

晋侯派郤乞回国把情形报告子金(瑕吕饴甥[3]),并且约他到秦国来面谈。子金教郤乞一番话说:“你把国人召集起来，用国君的名义，先颁赐一些酬劳，一面说:我即使能回国，也对不起国家了，你们占卜一下，把太子圉拥立起来如何!”大家听了这番话,都伤心得哭起来。晋国有“爰田”的名目，就是从这件事开始的。这个时候，子金出来了，说:“我们国君不顾自己流亡在外，反替我们操心，这真是莫大的恩惠了，我们怎样才可以对得起他呢?”大家都说:“你看应当怎样?”他说:“重新编制军队，辅佐太子，让列国知道我们失掉一个国君，还有一个国君。大家齐心一致，军队比从前更增多。和我们友好的，因此更加有劲，和我们有仇的，因此也会畏惧，或者可以有点用处吧!”大家听他的话，都非常赞成。晋国于是有州兵[4]的制度。

十月里，吕甥和秦伯在王城把盟约定好了。秦伯说:“晋国的人一致吗?”他说:“不一致。在下的人以失掉国君为耻辱,而且哀悼阵亡的亲人,不惜改编军队，拥立太子，都说：情愿归顺戎狄，此仇则非报不可。至于在上的人，虽然爱护自己的国君，却也知道自己的错处。也不惜改编军队，观望秦国的举动，都说：必报秦国之德，至死也不改变。因为这样，所以不一致。”秦伯说：“那么，你们国内对于你们的国君怎样看法？”他说：“在下的人很担心，说恐怕免不了危险。在上的人推己及人，说一定会放回来的。在下的人说：我们害了秦国，秦国怎肯放他回来？在上的人说：我们既然认错了，秦国就一定肯放他回来。离叛了，秦君就擒了去，服罪了，就放了走。论恩德，再没有比这更大的，论刑罚，再没有比这更有威力的，服罪的人思念恩德，离叛的人畏惧刑罚，就这一番举动，秦国也可以称霸了。本来是你们送他回国的，又不把他安顿好，废掉又不再立起来，一番好意变成仇恨，秦国总不会这样的吧！”秦伯说：“我也正是这个意思。”于是另外招待晋侯一个地方，供给七分牛羊食品。

［1］据说晋惠公梦见太子申生说：天要将晋国赐秦国，大概当时这话已经传到秦国了。［2］登高台是防人来救，踹干草是预备举火自焚，并且表示哀悼。杜注说从堆积的干草上才能上台，似不合理。［3］瑕吕饴甥之瑕似乎是一个地名，吕是姓，饴是名，甥是亲属关系，子金是字。正如后来吴国的延州来季子一般，杜注说姓瑕吕，似不可从。［4］州兵大概是每一乡出兵多少人的意思。

晋公子重耳之及于难也，晋人伐诸蒲城。……遂奔狄。从者狐偃、赵衰[1]、颠颉、魏武子、司空季子。狄人伐廧咎如[2]，获其二女叔隗、季隗，纳诸公子。公子取季隗，生伯儵[3]、叔刘。以叔隗妻赵衰，生盾。将适齐，谓季隗曰：“待我二十五年不来而后嫁。”对曰：“我二十五年矣，又如是而嫁，则就木焉。请待子。”处狄十二年而行。

过卫，卫文公不礼焉。出于五鹿，乞食于野人。野人与之块，公子怒，欲鞭之。子犯曰：“天赐也。”稽首受而载之。

及齐，齐桓公妻之，有马二十乘。公子安之，从者以为不可。将行，谋于桑下。蚕妾在其上，以告姜氏。姜氏杀之，而谓公子曰：“子有四方之志，其闻之者，吾杀之矣。”公子曰：“无之。”姜曰：“行也。怀与安，实败名。”公子不可。姜与子犯谋，醉而遣之。醒，以戈逐子犯。

及曹[4]，曹共公闻其骈胁，欲观其裸，浴，薄[5]而观之。僖负羁之妻曰：“吾观晋公子之从者皆足以相国，若以相，夫子必反其国。反其国，必得志于诸侯。得志于诸侯而诛无礼，曹其首也。子盍蚤[6]自贰焉。”乃馈盘飧，置璧焉。公子受飧，反璧。

及宋[7]，宋襄公赠之以马二十乘。

及郑，郑文公亦不礼焉。叔詹谏曰：“臣闻天之所启，人弗及也。晋公子有三焉，天其或者将建诸，君其礼焉。男女同姓，其生不蕃，晋公子，姬出也，而至于今。一也。离外之患，而天不靖晋国，殆将启之。二也。有三士足以上人而从之。三也。晋郑同侪，其过子弟固将礼焉，况天之所启乎？”弗听。

及楚，楚子飨之，曰：“公子若反晋国，则何以报不谷？”对曰：“子女玉帛则君有之，羽毛齿革则君地生焉。其波及晋国者，君之馀也，其何以报君？”曰：“虽然，何以报我？”对曰：“若以君之灵得反晋国，晋、楚治兵，遇于中原，其辟君三舍[8]。若不获命，其左执鞭弭[9]，右属櫜鞬[10]，以与君周旋。”子玉请杀之。楚子曰：“晋公子广而俭，文而有礼。其从者肃而宽，忠而能力。晋侯无亲，外内恶之。吾闻姬姓，唐叔之后，其后衰者也，其将由晋公子乎。天将兴之，谁能废之。违天必有大咎。”乃送诸秦。僖公二十三年（公元前六三七年）

二十四年春王正月，秦伯纳之。……及河，子犯以璧授公子曰："臣负羁绁，从君巡于天下，臣之罪甚多矣。臣犹知之，而况君乎？请由此亡。"公子曰："所不与舅氏同心者，有如白水。"投其璧于河。……

僖公二十四年（公元前六三六年）

[1] 衰读作催。 [2] 廧读作墙，咎读作高，廧咎如是一个国名。 [3] 儵读作仇。 [4] 曹国在今山东定陶附近。 [5] 薄是迫近的意思。 [6] 蚤与早字通用。 [7] 宋国都今河南商丘。 [8] 古时三十里为一舍。 [9] 弭是弓的末端。 [10] 櫜鞬是弓箭袋。

【说明】 这一段是记载晋文公（重耳）亡命十九年的经过。由于他手下有这些人才，所以后来回国能成霸业。自从晋惠公（夷吾）回国以后，闹了乱子，不得人心，就造成文公图霸的机会。惠公一死，文公就毫不客气地借秦国的势力回去把惠公的儿子怀公杀掉，自立起来了。

【译文】 当初晋公子重耳得祸的时候，晋国的兵到蒲城去讨伐他……他就逃到狄国。随行的人是狐偃[1]、赵衰[2]、颠颉、魏武子[3]、司空季子。狄国讨伐廧咎如，俘虏了两个姑娘——叔隗、季隗，都送给重耳，重耳娶了季隗，生了伯儵、叔刘两兄弟，把叔隗嫁给赵衰，生了赵盾。重耳预备到齐国去，对季隗说："等我二十五年，不来再嫁别人。"她说："我已经二十五岁了，再有二十五年就要进棺材了，还嫁什么？一直等你就是了。"他在狄国十二年方才离开。

走过卫国，卫文公不款待他。经过五鹿地方，向一个乡下人讨点东西吃，乡下人给他一块泥土，重耳恨极了，想用鞭子打他。狐偃（子犯）说："这正是天赐我们土地。"叩了个头，受了泥土供在车上。

到了齐国,齐桓公替他娶了一个妻子。这时他有了八十四马,很满意,不想走了,手下人都说这样不对,还是应当走。正在一棵桑树底下商量,不料树上有个女子采桑,把他们的话都听了去,就去报告重耳的妻子姜氏,姜氏登时把这女子杀掉,对重耳说:“你有大志要往别处,听见这话的人我已经杀掉灭口了,你可以放心。”重耳说:“并没有这事呀!”姜氏说:“你应当走啊!贪恋舒服是要妨害前途的。”重耳还是不肯。姜氏就和狐偃商量好,把他灌醉然后送走。等他醒来,知道了,不觉大怒。抽出戈来要杀狐偃。

到了曹国,曹共公听说他生来肋骨长在一起,想看一看,趁他洗澡的时候,硬跑过去看。曹国的大夫僖负羁的夫人说:“据我看来,晋公子手下的人都是作宰相的人才,果真用作宰相,他必能回国,回国之后,必能在列国中称强,那时讨伐无礼的,曹国就是第一个对象了。你何不早点联络一下?”于是送他一盘食物,把一块玉璧藏在里头,重耳收下他的食物,玉璧却退回去了。

到了宋国,宋襄公送了他八十四马。

到了郑国,郑文公也不款待他。郑国的叔詹劝他说:“天要为他开一条路,那就不是人力所能做到的。晋公子有三样条件,或者是天要帮助他兴起来,也未可知,你还是好好款待他吧。男女出于同姓的,论理生育不多,晋公子是姬姓的母亲所生,而能到现在的地步,这是第一样。出奔在外,而天使晋国不安定,似乎是要替他开一条路,这是第二样。有三个人才都足以居上位,而肯跟他,这是第三样。晋、郑向来是同等的[4],子弟过路,本来应该款待,何况天还为他开路呢?”郑文公仍然不听他的话。

到了楚国,楚王请他宴会,说:“你果真回到晋国,怎样酬谢我?”他说:“子女玉帛,你有的是;鸟的羽毛,兽的齿革,是你们自己地方出产的,你们剩下来的，才流到我们晋国[5]。叫我拿什么来酬谢你呢？”楚王说：“话虽如此，到底总要酬谢我什么吧！”他说：“假使托你的福回到晋国，晋、楚两国练起兵来，在中原互相遭遇，也许要让你九十里；假使你一定不答应，那么，我只可左手拿鞭子和弓梢，右边带弓箭袋，和你相追逐。”子玉听了这话，就请楚王把他杀掉（因为他口气太凶了）。楚王说：“晋公子志向远大却又能俭朴，能文却又有礼，手下的人严肃却又能宽和，忠实却又有能力。现在的晋君失去人心，国外国内都不以为然。我听见说唐叔[6]的后裔在姬姓列国之中要衰微得最晚，恐怕就是靠他吧？天所要兴的，谁能废掉？违天必有大罪。”于是把他送到秦国。

二十四年春正月，秦伯接待文公之后，又把他送回晋国……走到黄河边上，狐偃拿一块玉奉给重耳，说：“我背着马缰，跟你走遍了天下，我的罪状很多了，我自己都知道，何况你呢？现在就此告辞吧。”重耳说：“我若不和舅氏同心，有如此水[7]。”登时把那块玉投在河里[8]……

[1] 狐偃是晋文公的母舅。 [2][3] 后来的赵国、魏国就由他们传下来。[4] 晋、郑两国在周室东迁的时代，本是共同支持周室的，两国又都是姬姓。[5] 从这里可以看出楚国对北方的物资交易。 [6] 唐叔是晋国的始封君。[7] 这是当日起誓的惯语。 [8] 底下一段记载晋兵还要抵抗，秦国派人替晋文公疏通，三方面讲好条件，然后晋国才接纳文公进去。今从略。

晋侯围原，命三日之粮。原不降，命去之。谍出，曰：“原将降矣。”军吏曰：“请待之。”公曰：“信，国之宝也，民之所庇也。得原失信，何以庇之？所亡滋多。”退一舍而原降。僖公二十五年（公元前六三五年）

晋侯始入而教其民。二年，欲用之。子犯曰：“民未知义，未安其居。”于是乎出定襄王，入务利民。民怀生矣。将用之。子犯曰：“民未知信，未宣其用。”于是乎伐原以示之信。民易资者，不求丰焉，明征其辞。公曰：“可矣乎？”子犯曰：“民未知礼，未生其共。”于是乎大蒐以示之礼，作执秩以正其官。民听不惑而后用之。出谷戍，释宋围。一战而霸，文之教也。僖公二十七年（公元前六三三年）

【说明】这一段指出晋文公怎样训练民众以成强国，即是他藉以成霸业的基础。

【译文】晋侯围攻原城，只下令准备三天的给养。结果原城还是不降，于是下令撤退。间谍出来报告说：“马上就要投降的。”军官们说：“不妨再等一等。”文公说：“信用是国家之宝，人民靠它来作保障，得了原的地方而失去信用，怎么可以保障人民呢？所失岂不更多？”决定撤退三十里，然后原城也投降了。

晋侯刚回国，就把民众训练起来。两年就想用民众作战。狐偃说：“民众还不知道本分所在，不肯守自己的本位。”于是在国外则为周襄王平乱，在国内则注重谋人民的福利。人民都有安居乐业的意思了，（晋侯）又预备用来作战。狐偃说：“民众还不懂得信实，不明白它的作用。”于是以伐原这件事来表明信实。人民中间有交易的不求利润之多，只要有明确的证据的规定。文公说：“现在总可以了吧？”狐偃说：“民众还不懂得纪律，还没有养成严肃的心思。”于是举行一次大检阅以表现纪律，设一种“执秩”的官职，来规定各种职务，使民众的视听一点不会动摇，然后用来作战。同时，使楚国撤去守谷的兵，替宋国解围，一战而成霸业，就是由于文公教化所致了。

宋人使门尹般如晋师告急。公曰：“宋人告急，舍之则绝。告楚不许。我欲战矣，齐、秦未可，若之何？”先轸曰：“使宋舍我而赂齐、秦，藉之告楚。我执曹君而分曹、卫之田以赐宋人。楚爱曹、卫，必不许也，喜赂怒顽，能无战乎？”公说，执曹伯，分曹、卫之田以畀宋人。僖公二十八年（公元前六三二年）

【说明】 此时楚国已经很强，宋、郑、曹、卫等国都服从它，但宋国忽然叛楚去改投晋国，所以楚国讨伐它。晋国是唯一可以抵抗楚国的，所以要乘此显一显手段。

【译文】 宋人派门尹般向晋兵求救。文公说：“宋人求救，不救就要和我们断绝关系了。和楚国商量，又不肯听。我们想要和楚国一战，而齐、秦两国不赞成，怎么办呢？”先轸说：“叫宋国不必再求我们，却去运动齐、秦，让这两国去和楚国交涉。我们却把曹君扣留起来，把曹、卫的田分给宋人，楚国是和曹、卫亲善的，一定不答应齐、秦的请求。既得到贿赂，而又恨楚国的不听话，怎能不作战呢？”文公赞成其言，就这样办了。

楚子入居于申，使申叔去谷，使子玉去宋，曰：“无从晋师。晋侯在外十九年矣，而果得晋国。险阻艰难，备尝之矣，民之情伪，尽知之矣。天假之年，而除其害。天之所置，其可废乎？《军志》曰：允当则归。又曰：知难而退。又曰：有德不可敌。此三志者，晋之谓矣。”

子玉使伯棼请战，曰：“非敢必有功也，愿以间执谗慝之口。”王怒，少与之师，唯西广[1]东宫与若敖之六卒实从之。

子玉使宛春告于晋师曰：“请复卫侯而封曹，臣亦释宋之围。”子犯曰：“子玉无礼哉。君取一，臣取二，不可失矣。”先轸曰：“子与之。定人之谓礼，楚一言而定三国，我一言而亡之，我则无礼，何以战乎？

不许楚言，是弃宋也。救而弃之，谓诸侯何？楚有三施，我有三怨，怨仇已多，将何以战？不如私许复曹、卫以携之，执宛春以怒楚。既战而后图之。”公说，乃拘宛春于卫，且私许复曹、卫。曹、卫告绝于楚。

子玉怒，从晋师，晋师退。军吏曰：“以君辟臣，辱也。且楚师老矣，何故退？”子犯曰：“师直为壮，曲为老。岂在久乎？微楚之惠不及此，退三舍辟之，所以报也。背惠食言，以亢其仇，我曲楚直。其众素饱，不可谓老。我退而楚还，我将何求？若其不还，君退臣犯，曲在彼矣。”退三舍。楚众欲止，子玉不可。夏四月戊辰，晋侯、宋公、齐国归父、崔夭、秦小子慭次于城濮。楚师背酅[2]而舍。晋侯患之，听舆人之诵曰：“原田每每，舍其旧而新是谋。”公疑焉。子犯曰：“战也。战而捷，必得诸侯。若其不捷，表里山河，必无害也。”公曰：“若楚惠何？”栾贞子曰：“汉阳诸姬，楚实尽之，思小惠而忘大耻，不如战也。”晋侯梦与楚子搏，楚子伏己而监[3]其脑，是以惧。子犯曰：“吉。我得天，楚伏其罪，吾且柔之矣。”

子玉使鬬勃请战，曰：“请与君之士戏，君冯[4]轼而观之，得臣[5]与寓目焉。”晋侯使栾枝对曰：“寡君闻命矣。楚君之惠，未之敢忘，是以在此。为大夫退，其敢当君乎？既不获命矣，敢烦大夫谓二三子，戒尔车乘，敬尔君事，诘朝将见。”

晋车七百乘，韅靷鞅靽[6]。晋侯登有莘之虚[7]以观师，曰：“少长有礼，其可用也。”遂伐其木，以益其兵。己巳，晋师陈于莘北，胥臣以下军之佐当陈、蔡。子玉以若敖之六卒将中军。曰：“今日必无晋矣。”子西将左，子上将右。胥臣蒙马以虎皮，先犯陈、蔡。陈、蔡奔。楚右师溃。狐毛设二旆而退之，栾枝使与曳柴而伪遁。楚师驰之。原轸、郤溱以中军公族横击之。狐毛、狐偃以上军夹攻子西。

楚左师溃。楚师败绩。子玉收其卒而止,故不败。晋师三日馆谷。……

僖公二十八年(公元前六三二年)

[1]广读作旷,西广、东宫都是军队的称号。[2]酅音携。[3]盬音古,是吮咂的意思。[4]古凭字作冯。[5]得臣即子玉的名字。[6]这些都是马身上的皮件。[7]古墟字作虚,即城的旧址。

【译文】 楚王驻兵于申,下令叫申叔离开谷,叫子玉离开宋,说:“不必迫近晋兵。晋侯在外面十九年,现在居然得到晋国,什么危险困难,他都经历过,人情世故,他都明白了,天让他有这样的寿命,又把他的对头都剪除掉了,天意所安排的,能够废掉吗?兵书上说过:恰到好处,就应当罢手。又说:知道困难就应当退却。又说:有德的人是不可与之为敌的。这三句话都是指晋国而言的了。”

子玉派伯棼回去要求出战。说:“不敢一定要立功,只是想堵一堵那班说闲话的人的嘴[1]。”楚王很不高兴,就少派军队给他,只有西广、东宫和若敖氏的六队兵跟过去。

于是子玉派宛春通知晋兵说:“你们送卫侯回去,再重新把曹国封起来,我也就解除宋国的围攻。”狐偃说:“子玉好不讲礼啊!你是君,只得一样好处,他是臣,倒要得两样好处。不要失掉机会呀!”先轸说:“你应当答应他。能使人安定才是有礼,楚国一句话安定了三国,我们一句话都送掉了。那是我们自己不讲礼,怎么可以同人交战呢?不答应楚国的话,就是遗弃宋国,既然来救宋国,结果又遗弃了它,怎么对得起列国呢?楚有三种恩惠,我有三种仇恨,仇恨太多,如何可以交战?不如私下答应曹、卫,恢复它们,好使它们和楚国脱离,再把宛春扣留下来,激怒楚国。其余等战后再来决定。”文公听了,极为赞成,就此把宛春囚在卫国，并且私下答应恢复曹、卫，曹、卫于是对楚国宣告断绝关系。子玉生气了，进迫晋兵，晋兵朝后撤退。军官们说："我们是君，他们是臣，君倒要躲避臣，太屈辱了吧！并且楚兵也衰老了，为什么要撤退？"狐偃说："出兵而理直者就是壮盛的，理亏者就是衰老的，何在乎时间的长久？我们若没有楚国的恩惠，到不了今天，退九十里避开他，这就是为的报答他的好处。若是忘恩失信，当仇怨之冲，那么，我们理亏，他们理直。他们的士气很旺盛，不能算衰老。我们退了以后，楚国如果也撤回去，那我们还有什么要求？若不撤回，君已经退了，臣还要进犯，那就是他们理亏了。"退了九十里。楚兵正预备停止前进，子玉却不依。夏四月戊辰这一天，……晋侯同着宋公还有齐国的国归父和崔夭，秦国的小子慭进驻城濮，楚兵扎营的后面靠着一个丘陵地带名为酅。晋侯踌躇起来，听见大众唱的歌是："野地的草好茂盛呀，旧的不要了，要想新的呀！"文公心里很放不下。狐偃说："战吧！战若胜，必能获得诸侯的推戴，即使不胜，我们国家外面有黄河，里面有太行山，一定不妨事的。"文公说："楚国于我有恩，怎么好？"栾贞子说："汉水北面那些姬姓国家都被楚国灭了，何必还记他这点小的恩惠，而忘记大的耻辱，不如就交战吧！"接着，晋侯梦见和楚王相打，楚王伏在他身上，吮咂他的脑汁，所以有点胆怯。狐偃说："这是吉兆。我在下面是我得天，他在上面是他伏罪，并且我使他软下来了[2]。"

子玉派鬬勃要求交战，说："愿意同你的兵士较量一番，你可以靠在车板上看看，让我也来参观。"晋侯派栾枝答复他说："我们的国君知道了。楚君的恩惠是不敢忘记的，所以才到这个地方。为了你尚且要退兵，何敢与君为敌呢？既然不蒙许可，那么，请你费心转告贵部，整备你们的战车，认真执行你们国君的任务，明天早晨见面就是。"

晋国兵车七百乘[3]，装备齐全[4]。晋侯登上莘国的旧城，把全军视察一下，说："上级和下级各有纪律，总可以用来作战了。"一面把树木砍下来，补充兵器。己巳这一天，晋兵在莘北列阵，晋将胥臣以下军副帅的部下抵御陈、蔡的兵。子玉以若敖氏的六队作为中军，说："今天晋国就要完了。"子西（鬬宜申）统左军，子上（鬬勃）统右军。胥臣用虎皮蒙在战马身上，先攻陈、蔡的兵，这两国的兵逃走，楚国的右军就溃散了。狐毛立起两面大旗，表示退兵，栾枝叫车后面拖着木柴，假装逃走，楚兵狂奔追上去，原轸、郤溱以中军公族的队伍从腰中间攻击过来，狐毛、狐偃以上军夹攻子西，楚国的左军也溃散了。楚兵就完全败了。只有子玉收兵不动，所以没有败。晋兵把楚兵遗弃下来的粮食吃了三天……

［1］这是因为从前有人讥诮子玉不会用兵。［2］据杜注，脑汁是可以使东西变柔软的。［3］七百乘兵数约为五万三千人。［4］原文是车马的装备名称，译文略取大意。

四、秦晋争霸

四、秦晋争霸

秦国在春秋初期是很有野心的，两次支持晋国的新君回国，目的都是想巩固它的势力；另外又想向东发展，可是被郑国的爱国商人识破了它的诡计，因此受了一次打击，发展的方向改到西边去了。以后就不甚参加东方列国的事情。在这里可以看见秦、晋两国势力消长的关键。

九月甲午，晋侯、秦伯围郑，以其无礼于晋，且贰于楚也。晋军函陵，秦军氾南。佚之狐言于郑伯曰："国危矣，若使烛之武见秦君，师必退。"公从之。辞曰："臣之壮也，犹不如人。今老矣，无能为也已。"公曰："吾不能早用子，今急而求子，是寡人之过也。然郑亡，子亦有不利焉。"许之。夜缒而出，见秦伯曰："秦、晋围郑，郑既知亡矣。若亡郑而有益于君，敢以烦执事？越国以鄙远，君知其难也。焉用亡郑以陪邻？邻之厚，君之薄也。若舍郑以为东道主，行李之往来，共其乏困，君亦无所害。且君尝为晋君赐矣。许君焦瑕，朝济而夕设版焉，君之所知也。夫晋何厌之有？既东封郑，又欲肆其西封。若不阙秦，将焉取之？阙秦以利晋，唯君图之。"秦伯说，与郑人盟，使杞子、逢孙、扬孙戍之。乃还。

子犯请击之，公曰："不可。微夫人[1]之力不及此。因人之力而敝之，不仁。失其所与，不知[2]。以乱易整，不武。吾其还也。"亦去之。……

僖公三十年（公元前六三〇年）

杞子自郑使告于秦，曰："郑人使我掌其北门之管。若潜师以来，国可得也。”穆公访诸蹇叔。蹇叔曰：“劳师以袭远，非所闻也。师劳力竭，远主备之，无乃不可乎！师之所为，郑必知之。勤而无所，必有悖心。且行千里，其谁不知？”公辞焉。召孟明、西乞、白乙，使出师于东门之外。蹇叔哭之，曰：“孟子！吾见师之出而不见其人也。”公使谓之曰：“尔何知！中寿，尔墓之木拱矣。”蹇叔之子与[3]师，哭而送之，曰：“晋人御师必于殽[4]，殽有二陵焉，其南陵，夏后皋之墓也。其北陵，文王之所辟风雨也。必死是间，余收尔骨焉。”秦师遂东。僖公三十二年（公元前六二八年）

[1] 夫人之夫读作扶，夫人就是那人的意思。 [2] 古智字作知。 [3] 与是参与的意思，读作预。 [4] 殽在今河南陕县附近。

【译文】 ……为郑国从前不款待晋君那件事，又因为它心向楚国，所以晋侯、秦伯连兵围郑。晋兵驻在函陵，秦兵驻在氾南。佚之狐向郑伯建议说：“国家危急到这地步，若派烛之武去见秦君，他们总会撤兵的。”郑君依了他的话去找烛之武，烛之武却不肯，说：“我年轻的时候还不如人家，现在老了，不中用了。”郑君说：“我早不请你出来，急了才来求你，实在是我的错。不过郑国亡了，你也没有好处呀！”于是他才答应了，连夜吊下城去，见了秦伯就说：“秦、晋两国围攻郑国，郑国也知道一定要亡国的。假使郑国亡了，于你有益，又何敢劳动你们？但是越过别人的国境，收得一块远方的属地，大概你也知道是件很困难的事情。那么，何必把郑国灭掉，徒然便宜邻国呢？邻国得了多的，你就变得少了。假使把郑国留下来，作一个东边道上的主人，旅行来往，供应一点需要，对于你并没有害处呀！还有一层，你从前是受过晋君之赐的。他应许你焦、瑕两地方，早晨刚一渡过黄河，晚上就在这地方设起防来，这是你晓得的。试问晋国哪有知足的时候？一旦把郑国收入版图，马上又要伸张到西边的版图去。如果不是秦国吃亏，又从何取得这些地方呢？让秦国吃亏，却让晋国得利，你想想看吧！”秦伯一听，觉得很有道理，就同郑国定盟，派杞子、逢孙、扬孙驻防郑国，自己回去了。

狐偃一看秦国背约，单独对郑国讲和，就想攻击他们。晋文公说：“不可，当时若不靠那人的力量，也没有今天；既然靠了他的力量，又乘其疲劳而加以攻击，是不仁。失了帮手，是不智。[1]本来是一致的，现在自己发生混乱起来，也不武。我们还是回去吧！”因之也就撤兵了。

杞子派人从郑国回报秦国说：“郑国人委托我掌管他们都城北门的钥匙，若是偷着过来，立刻可以把它占领。”秦穆公把这事请教蹇叔，蹇叔说：“耗费兵力去袭取远方，我向来没有听见过这种事。劳动兵力，没有后援，远方的主人可能知道了要防备的，恐怕不行吧！我们军队的动静，郑国一定知道，白白劳动一番，人心必不情愿。并且行军千里之远，怎能瞒得过人？”穆公谢绝了他，不听他的话，叫了孟明、西乞、白乙，从东门外派出兵去。蹇叔哭起来说：“孟公啊！我看见大军出发，可是看不见他们回来了！”穆公叫人告诉他，说：“你懂什么？倘然你只活到中寿[2]，你坟墓上的树木早已长得两手合抱那么大了。”蹇叔自己的儿子也参加军队，他一面哭着送他说：“晋国人抵御我们的兵一定是在殽的地方。殽有两个丘陵，南陵是夏王皋的墓，北陵是文王避风雨的地方。你一定会死在这中间，我不免要来收拾你的骸骨了！”秦兵就此东进。

[1] 此句也许是看错了人和他共事的意思。 [2] 古人以百二十岁为上寿，百岁为中寿，八十为下寿。

三十三年春，秦师过周[1]北门，左右免胄而下。超乘者三百乘。

王孙满尚幼，观之，言于王曰："秦师轻而无礼，必败。轻则寡谋，无礼则脱。入险而脱，又不能谋，能无败乎？"及滑[2]，郑商人弦高将市于周，遇之，以乘韦先牛十二犒师，曰："寡君闻吾子将步师出于敝邑，敢犒从者。不腆敝邑，为从者之淹，居则具一日之积，行则备一夕之卫。"且使遽告于郑。郑穆公使视客馆，则束载厉兵秣马矣。使皇武子辞焉，曰："吾子淹久于敝邑，唯是脯资饩牵[3]竭矣。为吾子之将行也，郑之有原圃，犹秦之有具囿也，吾子取其麋鹿以闲敝邑，若何？"杞子奔齐。逢孙、扬孙奔宋。孟明曰："郑有备矣，不可冀也。攻之不克，围之不继，吾其还也。"灭滑而还。……僖公三十三年（公元前六二七年）

［1］周城在今河南洛阳市。［2］滑国在今河南偃师南。［3］饩牵是牛羊之类。

【说明】 这一段记载着重指出，春秋时代郑国的商业最发达，郑国商人在政治上已有相当地位。郑国的实力不足恃，地位也最困难，所以利用对外的贸易来辅佐政治外交之所不及。

【译文】 三十三年春天，秦兵经过周的北门外，兵车左右的两人都脱下头盔，下车步行[1]（这是对周王行敬礼），然后重新跳上车子，经过的兵车一共三百辆。王孙满此时还小，看见了，就对周王说："秦兵轻率无礼[2]，一定要败。轻率必没有多的谋略，无礼必不整齐，深入险地而不整齐，怎能不败？"走到滑国，郑商人弦高正要往周的境内作买卖，恰好碰见。他就拿出四块熟皮，加上十二只牛，犒劳秦兵，说："我们的国君听说阁下要带兵到敝国来，现在打算犒劳一下你的部下。敝国是很穷的，不过你的部下若要耽搁下来，住呢，我们总预备一天的供应，走呢，我们总预备一夜的警卫。”一面说，一面派驿使飞驰回郑国报告这项消息，郑国听见了，郑穆公叫人到客馆里一侦察;（原来秦国驻留郑地的武士们）已经都捆上军装，磨好刀剑，喂饱马匹了。当下派皇武子向他们说一番话:“各位在敝国日子久了，我们的供应物资也要完了。听说各位要走啦！我们郑国有个原圃，正同秦国有个具囿[3]一样，请各位自己去猎取些鹿来，让敝国可以休息休息，你看怎样？”这样一来，杞子只好奔往齐国，逢孙、扬孙奔往宋国了。孟明说:“郑国已经有了准备，没有希望了，攻又攻不下，包围又没有后援，我们回去吧。”顺便灭掉滑国就回去了。

［1］古时兵车只载三人，左边一个拿弓，右边一个拿戈矛，御者在中央。若是国君或大将亲自指挥，则御者改在左边，这一次是左右两人下车御者仍旧驾着车走。［2］据说按古礼，过天子的城门应该把铠甲和兵器暂时解除。所以他认为仅仅下车行敬礼还是不够恭敬。［3］原圃、具囿都是可以打猎的地方。

晋原轸曰:“秦违蹇叔而以贪勤民，天奉我也。奉不可失，敌不可纵。纵敌患生，违天不祥。必伐秦师。”栾枝曰:未报秦施而伐其师，其为死君乎？”先轸曰:“秦不哀吾丧而伐吾同姓，秦则无礼，何施之为？吾闻之，一日纵敌，数世之患也。谋及子孙，可谓死君乎？”……败秦师于殽，获百里孟明视、西乞术、白乙丙以归。……

文嬴请三帅，曰:“彼实构[1]吾二君，寡君若得而食之，不厌。君何辱讨焉？使归就戮于秦，以逞寡君之志，若何？”公许之。先轸朝，问秦囚。公曰:“夫人请之，吾舍之矣。”先轸怒，曰:“武夫力而拘诸原，妇人暂而免诸国，堕军实而长寇仇，亡无日矣。”不顾而唾。公使阳处父追之，及诸河，则在舟中矣，释左骖[2]，以公命赠孟明。孟明稽首曰："君之惠，不以累臣衅[3]鼓，使归就戮于秦。寡君之以为戮，死且不朽。若从君惠而免之，三年将拜君赐。"

秦伯素服郊次，乡师而哭曰："孤违蹇叔，以辱二三子，孤之罪也。不替孟明，孤之过也，大夫何罪？且吾不以一眚[4]掩大德。"僖公三十三年（公元前六二七年）

［1］构是挑唆的意思。［2］骖是车旁所驾的马。［3］衅是用血涂鼓的古代风俗。［4］眚音省，是过失的意思。

秦伯伐晋，济河焚舟，取王官及郊，晋人不出，遂自茅津济，封殽尸而还，遂霸西戎。用孟明也。文公三年（公元前六二四年）

【译文】 晋原轸说："秦国不听蹇叔的话，为了贪心，害得人民受苦，这是天资助我们，天资助的不可失掉，敌人也不可放松，放松敌人必生祸患，违天也不祥。必须讨伐秦兵。"栾枝说："秦国的恩惠还没有报答，就讨伐它的军队，这不是我们的国君一死就背弃他了吗[1]？"先轸说："秦国不哀怜我们有丧事，反而伐我同姓之国[2]，是秦国自己无礼，还顾什么恩惠？据我所知道，放松敌人一天，就会成为几辈子的祸患，我们是为子孙打算，怎么算是国君一死就背弃他呢？"……在殽的地方把秦兵打败了，把百里孟明视、西乞术、白乙丙都俘虏了回来。……

文公夫人嬴氏[3]出来替三位大将讲情说："挑唆两国国君的正是他们几个，我们的国君恨不得要吃他们的肉，何劳你来办他们？让他们回去在秦国办罪，让我们国君心里痛快一下，好不好呢？"襄公[4]答应了。先轸入朝，问起秦国的俘虏，襄公说："因为夫人（太后）要求，我把他们放走了。”先轸不觉大怒起来说：“武夫费了多大力量才把他们从战地抓来，一个女人一下子就在国内把他们放走。毁坏我们的军事实力，助长敌人的气焰，不知道几天就要亡国了。”说话之间，也不顾人家，就唾起唾沫来。襄公（也后悔起来）就派阳处父去把他们追回，正好在黄河边赶到，他们已经到了船上，于是赶忙解下车左旁一匹马，用晋君的名义，赠送孟明（指望他上岸来致谢，好再捉住他）。孟明就（在船上）叩头说：“蒙君恩惠，不把我这俘虏的血来祭鼓，却让我们回到秦国办罪。若我们的国君把我们处死，死也是不朽的。若依照你这样的恩惠而赦免我们，那么，三年之后再来向你道谢吧[5]。”

秦伯穿上素服，亲自出城，对着回来的军队哭着说：“我不听蹇叔的话，害了各位，这是我的过失，不解除孟明的责任[6]，也是我的错，你们有什么罪呢？而且我也不肯为了一件小错掩没人家的大德。”

秦伯又伐晋[7]，过了河就把船烧掉，攻取了王官和郊[8]两个地方，晋国并不出兵；于是从茅津[9]渡河，把那年在殽战死的尸骸收葬成坟，才回去。从此秦伯就向西戎称霸起来。这都是秦伯一直任用孟明的缘故。

［1］此时晋文公刚死不久。［2］指灭滑，滑与晋为同姓之国。［3］她是秦国人，所以替她本国人说话。［4］襄公是文公庶出的儿子，不是文嬴亲生。［5］意思就是三年后再来报仇。［6］此语意义不明。［7］这是第三次了。［8］也可以解作攻取王官，到了郊外。［9］地名，在今山西西南，古黄河津渡。

五、郯之战

五、邲之战

这一次的战役指出楚庄王霸业的成功，确定了晋、楚两国在支配列国势力上的均等；同时也表明列国的人民顽强地抵抗侵略的决心。至于楚庄王和他的宰相孙叔敖进步性的政治见解，在这里也得到一定程度的反映。

冬，楚子为陈[1]夏氏乱故伐陈，谓陈人无动，将讨于少西氏，遂入陈，杀夏徵舒，轘诸栗门，因县陈。陈侯在晋。申叔时使于齐，反，复命而退。王使让之曰："夏徵舒为不道，弑其君，寡人以诸侯讨而戮之，诸侯县公皆庆寡人，女[2]独不庆寡人，何故？"对曰："犹可辞乎？"王曰："可哉！"曰："夏徵舒弑其君，其罪大矣，讨而戮之，君之义也。抑人亦有言曰：牵牛以蹊人之田，而夺之牛，牵牛以蹊者信有罪矣，而夺之牛，罚已重矣。诸侯之从也，曰讨有罪也。今县陈，贪其富也。以讨召诸侯，而以贪归之，无乃不可乎！"王曰："善哉，吾未之闻也，反之可乎？"对曰："吾侪小人所谓取诸其怀而兴之也。"乃复封陈。乡取一人焉以归，谓之"夏州"。宣公十一年（公元前五九八年）

［1］陈国都今河南淮阳。 ［2］女古汝字。

【译文】 冬天，楚庄王为了陈国夏氏的内乱而伐陈，告诉陈国人不必动作，只是讨少西氏（夏氏）一家而已。於是把陈国都城占领，把夏徵舒杀了，在栗门地方分尸示众。就此把陈国编成楚国的一县[1]，陈侯就留在晋国了。申叔时正从齐国奉使回来，把任务向庄王报告完毕就退了下去。庄王派人申斥他说："夏徵舒做了坏事，杀了他的国君，我带了诸侯的兵来讨伐，将他处死，诸侯县公[2]都来庆贺我，惟有你不庆贺我，这是什么道理？"他说："还可以让我说句话来解释吗？"王说："可以啊！"他就说："夏徵舒杀了他的国君，罪大是不错的，问他的罪，将他处死，是你的正义行为。但是大家也有个比方。若有人牵了牛把人家的田地踏坏了，人家就把他的牛夺去，那牵牛踏坏人家田地的诚然有罪，可是夺去他的牛，办得也太重了。诸侯之所以跟从你，为的是你能讨罪人的缘故，现在把陈国编成一个县，为的是贪图它的财富，以讨罪号召诸侯，而结果以贪富遣散他们，恐怕不好吧！"王说："对呀！可惜我早没有听见这话，现在退还他们行不行？"他说："这就是我们普通人所说的，从人家怀里夺过来，又送还他了。"于是重新恢复陈国，只在每乡取一个人迁回楚国，把他们叫作"夏州"。

［1］从这里可以看出楚国的地方制度，以县为单位，就等于一个小国。这是后来郡县制的萌芽。［2］县公就是县的长官。

十二年春，楚子围郑。旬有七日，郑人卜行成，不吉。卜临[1]于大宫，且巷出车，吉。国人大临，守陴[2]者皆哭。楚子退师，郑人修城。进，复围之。三月克之。入自皇门，至于逵路。郑伯肉袒牵羊以逆，曰："孤不天，不能事君，使君怀怒，以及敝邑，孤之罪也。敢不唯命是听？其俘诸江南以实海滨，亦唯命。其翦以赐诸侯，使臣妾之，亦唯命。若惠顾前好，徼福于厉、宣、桓、武，不泯其社稷，使改事君，夷于九县。君之惠也，孤之愿也，非所敢望也。敢布腹心，君实图之。"左右曰："不可许也。得国无赦。"王曰："其君能下人，必能信用其民矣，庸可几乎？"退三十里而许之平。潘尪入盟，子良出质。

夏六月，晋师救郑，荀林父将中军，先縠佐之。士会将上军，郤克佐之。赵朔将下军，栾书佐之。赵括、赵婴齐为中军大夫。巩朔、韩穿为上军大夫。荀首、赵同为下军大夫。韩厥为司马。

及河，闻郑既及楚平。桓子欲还，曰："无及于郑而剿民，焉用之？楚归而动，不后。"随武子曰："善。会闻用师，观衅而动。德、刑、政、事、典、礼不易，不可敌也。不为是征。楚军讨郑，怒其贰而哀其卑。叛而伐之，服而舍之，德刑成矣。伐叛，刑也。柔服，德也。二者立矣。昔岁入陈，今兹入郑，民不罢[3]劳，君无怨讟[4]，政有经矣。荆尸[5]而举，商农工贾不败其业，而卒乘辑睦，事不奸矣。蔿敖为宰，择楚国之令典，军行，右辕，左追蓐，前茅虑无，中权后劲，百官象物而动，军政不戒而备，能用典矣。其君之举也，内姓选于亲，外姓选于旧，举不失德，赏不失劳，老有加惠，旅有施舍，君子小人，物有服章，贵有常尊，贱有等威，礼不逆矣。德立，刑行，政成，事时，典从，礼顺，若之何敌之？见可而进，知难而退，军之善政也。兼弱攻昧，武之善经也。子姑整军而经武乎，犹有弱而昧者，何必楚？仲虺有言曰，取乱侮亡，兼弱也。《汋》曰，於[6]铄[7]王师。遵养时晦，耆[8]昧也。《武》曰，无竞惟烈，抚弱耆昧，以务烈所，可也。"彘子曰："不可。晋所以霸，师武臣力也。今失诸侯，不可谓力。有敌而不从，不可谓武。由我失霸，不如死。且成师以出，闻敌彊[9]而退，非夫也。命为军帅而卒以非夫，唯群子能，我弗为也。"以中军佐济。知庄子曰："此师殆哉。……"韩献子谓桓子曰："彘子以偏师陷，子罪大矣。子为元帅，师不用命，谁之罪也？失属亡师，为罪已重，不如进也。事之不捷，恶有所分。与其专罪，六人同之，不犹愈乎？"师遂济。

楚子北，师次于郔。沈尹将中军。子重将左。子反将右。将饮马于河而归。闻晋师既济，王欲还，嬖人伍参欲战。令尹孙叔敖弗欲，曰:“昔岁入陈，今兹入郑，不无事矣。战而不捷，参之肉其足食乎?”参曰:“若事之捷,孙叔为无谋矣。不捷,参之肉将在晋军,可得食乎?”令尹南辕反旆,伍参言于王曰:“晋之从政者新，未能行令。其佐先縠，刚愎不仁，未肯用命。其三帅者，专行不获，听而无上，众谁适从。此行也，晋师必败。且君而逃臣，若社稷何?”王病之，告令尹乘辕而北之，次于管以待之。

晋师在敖鄗之间。郑皇戌使如晋师，曰:“郑之从楚，社稷之故也，未有贰心。楚师骤胜而骄，其师老矣，而不设备，子击之，郑师为承，楚师必败。”彘子曰:“败楚服郑，于此在矣，必许之。”栾武子曰:“楚自克庸以来，其君无日不讨国人而训之，于民生之不易，祸至之无日，戒惧之不可以怠。在军，无日不讨军实而申儆之，于胜之不可保，纣之百克而卒无后。训之以若敖、蚡冒筚路蓝缕以启山林，箴之曰:民生在勤,勤则不匮。不可谓骄。先大夫子犯有言曰,师直为壮,曲为老。我则不德，而徼怨于楚，我曲楚直。不可谓老。其君之戎，分为二广，广有一卒，卒偏之两[10]。右广初驾，数及日中。左则受之，以至于昏。内官序当其夜，以待不虞，不可谓无备。子良，郑之良也。师叔，楚之崇也。师叔入盟，子良在楚，楚、郑亲矣，来劝我战。我克则来，不克遂往，以我卜也。郑不可从。”赵括、赵同曰:“率师以来，唯敌是求，克敌得属，又何俟?必从彘子。”知季曰:“原、屏[11]，咎之徒也。”赵庄子曰:“栾伯善哉，实其言，必长晋国。”

楚少宰如晋师，曰:“寡君少遭闵凶，不能文。闻二先君之出入此行也，将郑是训定，岂敢求罪于晋?二三子无淹久。”随季对曰:“昔平王命我先君文侯曰，与郑夹辅周室，毋废王命。今郑不率，寡君使群臣问诸郑，岂敢辱候人?敢拜君命之辱。”彘子以为谄，使赵括从而更之，曰:“行人失辞。寡君使群臣迁大国之迹于郑，曰:无辟敌。

群臣无所逃命。”

楚子又使求成[12]于晋，晋人许之，盟有日矣。楚许伯御乐伯，摄叔为右，以致晋师。许伯曰：“吾闻致师者，御靡旌摩垒而还。”乐伯曰：“吾闻致师者，左射以菆[13]，代御执辔，御下两马掉鞅而还。”摄叔曰：“吾闻致师者，右入垒，折馘执俘而还。”皆行其所闻而复。晋人逐之，左右角之。乐伯左射马而右射人，角不能进。矢一而已，麋兴于前，射麋丽龟[14]。晋鲍癸当其后，使摄叔奉麋献焉，曰：“以岁之非时，献禽之未至，敢膳诸从者。”鲍癸止之，曰：“其左善射，其右有辞，君子也。”既免。

晋魏锜求公族未得而怒，欲败晋师。请致师，弗许。请使，许之。遂往请战而还，楚潘党逐之。及荧泽，见六麋，射一麋以顾献曰：“子有军事，兽人无乃不给于鲜，敢献于从者。”叔党命去之。赵旃求卿未得，且怒于失楚之致师者，请挑战，弗许。请召盟，许之。与魏锜皆命而往。郤献子曰：“二憾往矣，弗备，必败。”彘子曰：“郑人劝战，勿敢从也。楚人求成，弗能好也。师无成命，多备何为？”士季曰：“备之善。若二子怒楚，楚人乘我，丧师无日矣。不如备之。楚之无恶，除备而盟，何损于好？若以恶来，有备不败。且虽诸侯相见，军卫不撤警也。”彘子不可。士季使巩朔、韩穿帅七覆于敖前，故上军不败。赵婴齐使其徒先具舟于河，故败而先济。

潘党既逐魏锜，赵旃夜至于楚军，席于军门之外，使其徒入之。楚子为乘广三十乘，分为左右，右广鸡鸣而驾，日中而说[15]。左则受之，日入而说。许偃御右广，养由基为右。彭名御左广，屈荡为右。乙卯，王乘左广以逐赵旃。赵旃弃车而走林，屈荡搏之，得其甲裳。晋人惧二子之怒楚师也，使軘车逆之。潘党望其尘，使骋而告曰：“晋师至矣。”楚人亦惧王之入晋军也，遂出陈[16]。孙叔曰：“进之。宁我薄人，无人薄我。《诗》云：元戎十乘，以先启行。先人也。《军志》曰：先人有夺人之心，薄之也。”遂疾进师，车驰，卒奔，乘晋军。桓子不知所为，鼓于军中曰：“先济者有赏。”中军、下军争舟，舟中之指可掬也。

晋师右移，上军未动。工尹齐将右拒卒，以逐下军。楚子使唐狡与蔡鸠居告唐惠侯曰：“不穀不德而贪，以遇大敌，不穀之罪也。然楚不克，君之羞也。敢藉君灵，以济楚师。”使潘党率游阙[17]四十乘，从唐侯以为左拒，以从上军。驹伯曰：“待诸乎！”随季曰：“楚师方壮，若萃于我，吾师必尽。不如收而去之。分谤生民，不亦可乎？”殿其卒而退，不败。

王见右广，将从之乘，屈荡尸[18]之，曰：“君以此始，亦必以终。”自是楚之乘广先左。

晋人或以广队不能进，楚人惎[19]之脱扃[20]，少进，马还，又惎之拔旆投衡[21]，乃出。顾曰：“吾不如大国之数奔也。”

赵旃以其良马二，济其兄与叔父，以他马反，遇敌不能去，弃车而走林。逢大夫与其二子乘，谓其二子无顾。顾曰：“赵傁在后。”怒之，使下，指木曰：“尸女于是。”授赵旃绥以免。明日以表尸之，皆重获在木下。

楚熊负羁囚知[22]罃。知庄子以其族反之，厨武子御，下军之士多从之。每射抽矢菆，纳诸厨子之房。厨子怒曰：“非子之求而蒲之爱，董泽之蒲，可胜既乎？”知季曰：“不以人子，吾子其可得乎？吾不可以苟射故也。”射连尹襄老，获之，遂载其尸。射公子穀臣，囚之。以二者还。及昏，楚师军于邲。晋之馀师不能军，宵济，亦终夜有声。

丙辰，楚重至于邲，遂次于衡雍。潘党曰：“君盍筑武军，而收晋尸以为京观[23]。臣闻克敌必示子孙，以无忘武功。”楚子曰：“非尔所知也。夫文止戈为武，武王克商，作《颂》曰：载戢干戈，载櫜弓矢，我求懿德，肆于时夏，允王保之。又作《武》，其卒章曰：耆定尔功。其三曰：铺时绎思，我徂惟求定。其六曰：绥万邦，屡丰年。夫武，禁暴，戢兵，保大，定功，安民，和众，丰财者也。故使子孙无忘其章。今我使二国暴[24]骨，暴矣。观兵以威诸侯，兵不戢矣。暴而不戢，安能保大？犹有晋在，焉得定功？所违民欲犹多，民何安焉？无德而强争诸侯，何以和众？利人之几而安人之乱，以为己荣，何以丰财？武有七德，我无一焉，何以示子孙？其为先君宫告成事而已。武非吾功也。古者，明王伐不敬，取其鲸鲵[25]而封之，以为大戮，于是乎有京观以惩淫慝。今罪无所，而民皆尽忠以死君命，又可以为京观乎？”祀于河，作先君宫，告成事而还。

秋，晋师归，桓子请死。晋侯欲许之。士贞子谏曰：“不可。城濮之役，晋师三日谷，文公犹有忧色，左右曰：‘有喜而忧，如有忧而喜乎？’公曰：‘得臣犹在，忧未歇也。困兽犹斗，况国相乎。’及楚杀子玉，公喜而后可知也，曰：‘莫余毒也已！是晋再克而楚再败也。’楚是以再世不竞。今天或者大警晋也，而又杀林父以重楚胜，其无乃久不竞乎！林父之事君也，进思尽忠，退思补过，社稷之卫也，若之何杀之？夫其败也，如日月之食焉，何损于明？”晋侯使复其位。

宣公十二年（公元前五九七年）

［1］临读去声，是聚众而哭的意思。［2］陴音皮，是城上的短墙。［3］罢即古疲字。［4］讟作谤字解。［5］荆就是楚国，荆尸是楚国的新军队编制。［6］此处於字读作乌。［7］铄，美也。［8］此处耆字读作旨，致也。［9］彊即古强字。［10］此两句是古时军队编制之法，今难明，故译文亦从略。［11］原即赵括，屏即赵同。［12］成是和平的意思。［13］菆是好的箭。［14］龟是麋鹿背上的高处，丽是附着的意思。［15］说读如税，是解除的意思。［16］陈即古阵字。［17］游阙是临时

补充缺乏的兵车。［18］尸，止也。［19］惎教也。［20］［21］扃、衡都是车上和马身上的横木。［22］古智字作知。［23］观读去声，京观是收葬敌军尸骸因而筑成的高台。［24］暴即古曝字。［25］鲸鲵是大鱼名，比喻恶人。

【译文】十二年春天，楚庄王围攻郑国都城十七天之久，郑国人打算讲和，占卜一下，不吉。于是打算在祖庙聚众哭一场，预备每一街巷都派出车辆。这一回占卜却是吉的。于是国人都大哭一场，守城的人也都哭了。楚王一看（也感动了），就把兵撤退，郑国人把城修好。楚再进兵包围，三个月后，攻下来了。（楚王率领大军举行占领的仪式。）从皇门进城，到了大街上，郑伯解开衣服，手牵一只羊出来迎接，说：“我得罪于天，不能服从你，使你怀怒，到了敝国。这原是我的罪。敢不完全听你的命令吗？把我俘虏到江南，逐到海滨，也随你的意思，把我们灭掉，分给诸侯作臣妾，也随你的意思。若还顾全从前的友谊，沾我们先王先君的余荫，不灭我的国家，让我变成你的九县一般，好好重新服事你，那就是你的恩惠，也是我的心愿了。我也不敢这样希望，我只把心里的话都说出来，请你考虑一下吧！”左右的人都说：“不要答应他。已经占领一个国家，就不要放弃。”楚王说：“他们的国君既然肯这样屈服，一定是得人心的，怎么可以再贪图呢？”当下退兵三十里，应许讲和。派潘尪进城和郑国订约，郑国也派子良到楚军作抵押。

夏六月，晋军来援助郑国了，中军正帅是荀林父，副帅是先縠，上军正帅是士会，副帅是郤克，下军正帅是赵朔，副帅是栾书。赵括、赵婴齐是中军大夫，巩朔、韩穿是上军大夫，荀首、赵同是下军大夫。韩厥是司马（军法长）。

走到黄河边，听见郑国已经对楚国讲和，桓子（荀林父）就打算回去，说:“已经来不及救郑了，徒然伤害人民，何苦呢？等楚军回去再行动也不迟。”随武子（士会）说:“对的。据我所知道，用兵的道理，是要看机会再行动。如果德、刑、政、事、典、礼六种都没有改动，就不可与之为敌，不要为这样的事情出兵。楚兵讨伐郑国，是愤其背叛而又怜悯其屈服。叛的时候加以讨伐，服从了就把它放了。这已经完成了德、刑两件事。讨伐背叛的人就是刑，安抚服从的人就是德。两样都树立起来了。上年入陈，今年入郑，人民并不疲劳，对于国君也不怨谤，这就是政治有轨道。改组军队之后，农工商业都没有损伤，军队也齐心，这是事务的有条理。蔿敖[1]作宰相，选定楚国的优良法制。行军的方法，右边保卫兵车，左边筹备宿营，前面派出斥堠，中央发布号令，而以精兵殿后。百官各遵照信号分别行动，军政无须告戒自然随时齐备。这就是能行法。他们的国君用起人来，内用亲人，外用旧人，所任用的都有相当的品德，所奖励的都有相当的功劳。年老的加给恩赏，旅行的免除赋役。上下的人,衣服器具都有分别,贵的贱的各按等级。这就是不违纪律。德能建立，刑能施行，政能成就，事能合时，典能就范，礼能和顺，怎么能够与之为敌呢？时机合宜就进兵，时机困难就退兵，这是好的军政。衰弱的不妨兼并，愚昧的不妨攻取，这是好的战略。你还是整军经武吧。”[2]……彘子（先縠）说:“晋国之所以能霸，就是由于军队的勇敢，和臣下的努力。今天若失去诸侯的信仰,不能算有威力,有敌而不追踪,不能算勇敢，从我们手里失去霸业，倒不如死还好些。况且既已准备好了出兵，听说敌人势力强大就退兵，这不是大丈夫做的事。我们握有军权，结果不成一个大丈夫，你们大家可以这样，我却不能。”他单独带着中军副帅的部下径自渡黄河去了。知庄子（荀首）说:“这回作战要失败了！……”韩献子（韩厥）对桓子说:“彘子若以一部分的军队陷阵而亡，你的罪名可不小了。你身为元帅，军队不听号令，这是谁的罪啊！损失部下，又打败仗，罪名更重，不如进兵吧，事若不成，大家也要分受一些恶名，六个人分担罪名，比一个人独担，不总好一点吗？”于是全军渡河了。

楚王也往北进，驻兵在郔的地方。中军大将是沈尹。左军是子重。右军是子反。原意只在黄河边饮一饮马就回军。听说晋兵已经渡河，楚王就想回去，他的亲信伍参主战。令尹[3]孙叔敖不赞成，说:“上年入陈，今年入郑，太多事了。假使战而不胜，吃掉伍参的肉能抵罪吗？”伍参说:“事若成功，孙叔未免主意打错了。若不成功，我的肉到了晋军手里，还有你吃的吗？”令尹就下令将车辕军旗掉头向南。伍参又向王建议:“晋国办事的都是些新人物，号令不行，副帅先縠为人刚愎，不肯服从命令。那三个大将各有主意，又不能贯彻，听了他们，就是不顾最高的指挥，大家不知道跟哪个好。这一战役晋兵必败。还有一层，你是国君，反而逃避他们臣子，怎么对得住国家呢？”楚王听了，也觉这话刺耳。于是和令尹商量，把车辕改向北指，在管的地方驻扎下来，以待晋兵。

晋兵在敖、鄗两山之间，郑国的皇戌派人到晋军营里说:“郑国之所以服从楚国，实在为的是保全国家，并不是意存离叛。楚兵一下子就打了胜仗，不觉骄傲起来，而且出兵日久，又不设备，你们起而攻击，郑国的兵跟上去，楚兵是必败的。”彘子说:“把楚国击败，使郑国服从，就在此一举了，一定要答应他。”栾武子说:“楚国自打败庸国以来，它的国君没有一天不把国内人民整编起来，并告诉他们:民生是艰难困苦的，祸事是不知道哪一天要来到的，警惕是一天也不可放松的。在军队中也没有一天不整编军备，告诫他们:打胜仗是不可靠的，纣虽屡次打胜仗，终于绝后。又拿楚国的祖先若敖、蚡冒怎样驾着柴车，穿着破衣，开垦山林的事情教训他们，劝戒他们说:民生注重于勤劳，勤劳就不致缺乏。这样不能算骄。我们从前的大夫子犯[4]有过一句话:出兵理直就是气壮的，理亏就是衰老的。我们自己无德，徒然和楚国寻仇，我们理亏，楚国理直，这样不能算衰老。他们国君的亲兵分为两队，……起初是右队驾上车，到正午交班给左队，一直到黄昏。内官再在夜里值班，以防不测，这样不能算没有准备。子良是郑国的贤人，师叔是楚国的贵爵，师叔到郑国订盟，子良到楚国为质，楚郑两国已经很密切，现在郑国来劝我作战，无非看我们战胜了就到我们这里来，不胜就到他们那里去，拿我们当占卜一般，他们的话是听不得的。”赵括、赵同说：“我们带了兵来到这里，就是为的要发现敌人，只要能把敌人打败，收回属国，还等候什么？一定要依彘子的话。”知庄子说：“这两个人真是要坏事的。”赵庄子说：“栾伯的话对呀！把他的话贯彻了，一定可以领导晋国。”

楚国的少宰到了晋军营中，说：“我们的国君从小遭遇忧患，不会说话。只知道我们两位先君[5]屡次在这条路上往来，无非要教训郑国，使其安定，怎敢冒犯你们晋国呢？各位不必在此久留吧！”于是随季（士会）出来答复说：“从前平王吩咐我们先君文侯，说：同郑国一起，辅佐周室，不可放弃王家的任务。现在郑国不遵守这话，所以我们的国君派我们来质问郑国，怎敢劳动你们的前哨？你的话太客气了。”彘子觉得这话未免降低身份。叫赵括把它更正过来，说：“刚才是传话的人说错了。我们的国君派我们来是要使你们从郑国撤退，说：不许退让敌人。所以我们不能不遵从我们所奉的命令。”

楚王又派人向晋国提议和平，晋国人答应了，已经尅期要定盟了。楚国的许伯作乐伯的车御，摄叔作车右[6]，要向晋兵挑战。许伯说：“据我所知道，挑战的应当把军旗倒下飞奔而去，逼近敌垒，然后回来。”乐伯说：“据我所知道，挑战的应当由车左的人用好的箭射出，代车御执辔，车御下来，把马和马颈上的皮件整理一下，然后回来。”摄叔说：“据我所知道，挑战的应当由车右的人冲进敌垒，割些敌人的耳朵，捉些俘虏，然后回来。”于是各按各的说法实行了一番回来，晋兵追了过来，左右张起两角来包围。乐伯左边射马，右边射人，两角都不能进，他的箭只剩下一支了，恰好来了一只大鹿，一箭射去，正中它的背峰。回顾后面追来的是晋国的鲍癸，他就差摄叔拿这只大鹿献给他说："因为不当时令，打野兽的还没有到，就拿这个供你们的膳食吧。"鲍癸就下令停止不追，说："车左的人善射，车右的人有词令，他们都是有修养的人。"就此止住了。

晋国有个魏锜要求做公族大夫，没有成功，恨极了，希望晋兵打败仗，于是自愿前往挑战，没有答应他，他又自愿奉使，这回答应了。他一去，就提出交战的请求，然后回来。楚国的潘党追他，追到荧泽，他看见有六只大鹿，就射中了一只，拿来回头献给潘党说："你正忙于军事，恐怕打猎的人来不及供应野兽，就拿这个献给贵部吧。"潘党也就下令不追了。（晋国的）赵旃也是要求做卿而没有成功的人，又痛恨把楚国挑战的人放走，于是也自愿前往挑战，也没有答应他。于是自愿约盟，这回答应了。叫他和魏锜同去。郤献子就说："两个怀恨的人都到那边去了，不设防必致失败。"彘子说："郑人劝战，既不敢听从，楚人求和，又不能修好，军中没有一定宗旨，多设防又有什么用处？"士季说："还是设防好些。假使这两个人激怒了楚国，楚国人来迫害我们，那就不定哪一天要打败仗了。还是设防吧！楚国若没有恶意，撤了防再定盟，于和好有什么不利？若是怀恶意而来，我们设了防就不至于失败。并且按理诸侯相见是不撤去警卫的。"彘子仍不以为然。士季派了巩朔、韩穿带了七队伏兵在敖山前面，所以上军不败。赵婴齐派他的部下先在黄河中备好船只，所以虽败而能先渡回来。

再说潘党把魏锜赶走之后，赵旃夜里到了楚国军营，就在营门外面坐下，派他的部下冲进去。楚王把兵车三十辆分成左右两队。右队鸡鸣驾车，正午休息。左队接上，日入休息。许偃作右队的车御，养由基作车右。彭名作左队的车御，屈荡作车右。乙卯这一天，王乘左队的车追赵旃，赵旃把兵车丢下跑到树林里去了。屈荡徒手去和他斗起来，抢到了他的战裙。晋国人也顾虑到这两个人会激怒楚兵，就派了特种兵车去迎接。潘党望见车过尘起，就派人飞奔回去报告说：“晋兵上来了！”楚国人也深恐国王陷入晋军，立时列阵出来。孙叔说：“宁可我们先进逼人家，不要让人家进逼我们。《诗经》上说：大的兵车十乘，在前开路。这就是说要抢先。兵书上说：抢人的先就可以控制敌人的心理，这就是说要进逼人家。”于是下令赶快进兵，兵车和步队都飞奔上前，乘势压迫晋军。桓子慌得不知道怎样办才好，就在军中打鼓传令说：“先渡河（回去）的有赏。”于是中军下军都抢着上船。船上的人顾不得了，就挥刀砍那些攀住船边的人，以致砍落下来在船里的手指多得成把。

此时晋军向右转移，上军还没有动。楚国的工尹齐带着右翼队伍追下军。楚王又派唐狡和蔡鸠居告唐惠侯说：“只怪我无德而贪，以致遭遇大敌。不过楚国败了，也是你的耻辱，想托你的福使楚军得以成功。”于是派潘党带了预备队四十辆车随着唐侯，编为左翼，追晋国的上军。驹伯（郤克）说：“再等等看吧！”随季说：“楚军气正盛。若并力于我，我军就全盘完了。不如收兵走吧！大家分担点罪过，少死些人算了吧！”于是带着部下殿后。只有他能不败。

楚王看见了右队，想要移动过去。屈荡阻止他说：“你起初乘的是左队的车，一定要继续维持，不可更动。”从此以后，因为楚王是在左队得胜的，左队就永远居先了。

晋兵有因为兵车太重走不动的，楚兵教示他们把车上横木卸下，前进几步，马又盘旋起来，又教他们拔去大旗卧倒下来，方能出险。晋兵回头笑说：“这是因为我们不像你们贵国人的惯会逃命的缘故。”[7]

赵旃用他的两匹好马送走他的哥哥和叔父，自己用别的马回头，（不料）遇见敌人，无法逃脱，就丢下兵车，奔入树林。此时正逢逢大夫和他两个儿子同乘一辆车，他吩咐儿子不要往后看，他儿子往后一看说：

“赵老在后面。”逢大夫恨极了，叫他们下车，指着一棵树说：“你们就死在这里！”他把缰绳交给赵旃，就此逃掉了。第二天到了所表记的树下，两兄弟尸身都在那里找到[8]。

楚国的熊负羁把知罃捉住了。于是知庄子（知罃的父亲）带着家兵去救。驾车的是厨武子，下军的兵士很有些跟过去的。知庄子每次射起箭来，必抽出好的箭装在厨子的箭袋里，厨子怪他说：“不去找你的儿子，倒舍不得箭，董泽地方的蒲柳[9]不是用不尽的吗？”知庄子说：“不捉到别人的儿子，怎么能救得我的儿子呢？我射箭不能随便射呀。”[10]射连尹襄老，把他的尸首抢来装在车上。又射公子穀臣，把他捉住。都带了回去。这一天傍晚，楚军驻在邲的地方。晋军的残余已经不能成军，连夜过河，通宵都听得到人声嘈杂。

第二天，楚军辎重队方才赶到邲，于是再进扎在衡雍[11]。潘党对楚王说：“你何不建筑一座军营，把晋军的死尸收集起来，堆成一个‘京观’？据我的意见，打败了敌人，总要留个纪念给子孙，让他们不忘记今天的武功。”楚王说：“这是你所不懂的。照字形讲，‘武’字是‘止’‘戈’两个字组成的。所以能止戈才是武。武王灭商之后，作的颂诗说：‘藏起干戈，收起弓箭，我又求有德之人光大起来，才能作君王保天下。’又作‘武’的诗，末了一章说：‘把这次的功业稳定起来。’第三章说：‘他能宣布教化，我就归往他以求安定。’第六章说：‘安抚万邦，屡召丰年。’说到武力，原是为的要制止强暴，解除兵备，保持宽大，稳定功业，安抚人民，和睦群众，加强生产。所以要使子孙不忘记这些诗。现在我们使两国的人民遭受死伤，这已经是强暴了。炫耀自己的武力来威胁列国，这已经不能解除兵备了。既然强暴而不能解除兵备，又怎能保持宽大？晋国依然还在，怎见得功业稳定？违反人民愿望的事还很多，人民何尝能安定？自己无德以服人，还要强迫诸侯归我，怎能和睦群众？利用别人的危乱来谋自己的光荣，怎能加强生产？武王有此七德，我一样也没有，拿什么来示子孙？那么，还不如盖一所先君的庙，把今天的成功祭告一番就是了！武力也不是我的功业。古时贤明的君王讨伐不守法纪的人，把那最大的恶人（鲸鲵）杀了示众，掩埋起来，于是作‘京观’以儆戒邪恶。现在罪名既没有，而人民都是为君命而尽忠以死的，又作什么‘京观’呢？”于是祭祀河神，造先君的庙，祭告一番成功的经过，就回去了。

到了秋天，晋兵回国，桓子自请处死。晋侯打算答应他了。士贞子加以劝阻说：“这是不相宜的。那回城濮的战事，晋兵吃了楚军三天的粮食，文公还脸上带着心事。左右的人问他：‘应当欢喜的事，反而忧愁，难道应当忧愁的事，反而欢喜吗？’文公说：‘得臣还在，不能放下心事呀！一头野兽被困住了还要挣扎，何况一国执政的人呢？’后来楚国杀了得臣，文公方才露出欢喜说：‘再没有人害我了！现在算是晋国又胜了一次，楚国又败了一次了。’因为这样，楚国两代都不能兴起来。现在也许是天意要儆戒晋国一番，若把林父杀掉，那就等于叫楚国再得一次胜，恐怕我们要长久衰弱下去了！林父替你办事，积极方面总想竭尽心力，消极方面也总想补救过失，正是国家的柱石，怎可以杀他呢？他这次的失败，不过像日食月食一般，终究何尝妨碍它的光明？”晋侯就叫桓子复职了。

[1] 蔿敖就是楚国有名的宰相孙叔敖。 [2] 此下一段从略不译。 [3] 令尹是楚国宰相的称号。 [4] 就是狐偃，已见晋献公与晋文公一篇中。 [5] 楚成王与楚穆王。 [6] 车右是立在兵车右边的人，照例是个勇士，至于车御，专管驾车，在车的左边。 [7] 这一番话描写两军战士互相戏笑的情形，也表明两国的人实在没有仇恨。 [8] 此节原文意义很不明显，前人都没有满意的解释。 [9] 蒲柳是做箭的材料。 [10] 意思是说要用好箭射一个楚国的要人，捉来作抵押。 [11] 上次交战，晋文公也驻在此地。

六、华元与向戌

六、华元与向戌

宋国的地位比郑国尤为困难，它是夹在齐、晋、楚三大国之间的，而且又无险可守。所以宋国人特别能感到战争的痛苦。然而靠着人民的英勇坚毅的奋斗，无论何国都不敢侵犯他们的国土。一方面保障自己的安全，一方面维持列国的和平共处，这就是春秋中期宋国执政者的卓越成就。

楚子使申舟聘于齐，曰："无假道于宋。"亦使公子冯聘于晋，不假道于郑。申舟以孟诸之役恶宋，曰："郑昭宋聋，晋使不害，我则必死。"王曰："杀女，我伐之。"见犀而行。及宋，宋人止之。华元曰："过我而不假道，鄙我也。鄙我，亡也。杀其使者必伐我，伐我亦亡也。亡一也。"乃杀之。楚子闻之，投袂而起，屦及于窒皇，剑及于寝门之外，车及于蒲胥[1]之市。秋九月，楚子围宋。宣公十四年（公元前五九五年）

夏五月，楚师将去宋，申犀稽首于王之马前曰："毋畏知死而不敢废王命，王弃言焉。"王不能答。申叔时仆[2]，曰："筑室，反耕者，宋必听命。"从之，宋人惧，使华元夜入楚师，登子反之床，起之曰："寡君使元以病告，曰：敝邑易子而食，析骸以爨。虽然，城下之盟，有以国毙，不能从也。去我三十里，唯命是听。"子反惧，与之盟而告王，退三十里，宋及楚平，华元为质。盟曰："我无尔诈，尔无我虞。"宣公十五年（公元前五九四年）

[1] 窒皇及蒲胥两个名词都没有正确的解释。[2] 仆就是驾车的意思。

【说明】 这一段记载指出宋国虽弱小而颇有骨气，在大兵压境，危在旦夕的时候，华元不惜单人匹马，冒着生命危险，去替国家争回地位，不愧为春秋时代一个杰出的人才。

【译文】 楚王派申舟到齐国去聘问，吩咐他不许向宋国通知假道。又派公子冯到晋国去聘问，也不许向郑国通知假道。可是申舟从前因为在孟诸地方得罪过宋国，所以说："郑国是明白的，宋国是糊涂的，到晋国去的使者不会被害，我却要被他们害死了。"王说："他们果真杀了你，我必讨伐他们。"于是他把儿子申犀带了见王，托付一番才去。到了宋国，宋国人果然把他扣留了。华元说："经过我们的地方，不向我们通知假道，那是把我们当属国看待了，当属国看待，是亡国。杀了他的使者必然来伐我们，也是亡国。亡总是一样的。"竟然把他杀了。楚王听见这个消息，立刻拂袖而起，到寝室门口才穿上鞋，到寝宫门外才挂上剑，到大街上才乘上车，就此去围攻宋国了。

楚军攻了几个月，仍然攻不下来，已经预备撤走，申犀在楚王的马前叩起头来说："毋畏（申舟）知道一定会死，都不敢不遵王的命令，现在你倒不顾前言了。"楚王无言可答。申叔时此时正作车御，就说："我们在这里建筑起房屋来，并且把应当种田的人打发回去，宋国人知道我们预备久围，自然会听命了。"照他的话办，宋国人果然害怕起来。就使华元单身偷进楚国军营，直入子反的卧室，把子反从床上拉起来，说："我们国君叫我来说明我们的痛苦，敝国人交换着吃孩子的肉，拿骸骨砍起来当柴烧了。但是若叫我们作城下之盟，纵使全国人都死尽了，也不干。若是肯撤兵三十里呢，那就无不依从。"子反当时被他要挟住了，也害怕起来，只得和他定了口头的盟誓，把这事报告了王，果然撤兵三十里，宋国就向楚国求和了。华元自己作了抵押。盟誓的话是："我们决不诈骗你们，你们也不要提防我们。"

宋华元善于令尹子重，又善于栾武子，闻楚人既许晋籴茷成而使归复命矣。冬华元如楚，遂如晋，合晋、楚之成。成公十一年（公元前五八〇年）

宋华元克合晋、楚之成，夏五月[1]，晋士燮会楚公子罢、许偃。癸亥，盟于宋西门之外，曰："凡晋、楚无相加戎，好恶同之。同恤菑[2]危，备救凶患，若有害楚，则晋伐之，在晋，楚亦如之。交贽往来，道路无壅，谋其不协而讨其不庭，有渝此盟，明神殛之，俾队[3]其师，无克胙[4]国。"……成公十二年（公元前五七九年）

［1］此时是周历的五月，就是夏历的三月，正是春耕的时候。［2］菑与灾音义均同。［3］古坠字作队。［4］胙作享字解。

【说明】 华元是利用宋国的地位来促成晋、楚和平的第一人，由于他善于运用外交，把两国多年对抗的局势暂时缓和下来。但是不过五年，又因为争取郑国的服从，引起另一次大战，就是鄢陵之战。

【译文】 宋华元与楚国的令尹子重有私交，与晋国的栾武子也有私交，听说楚国也已经对晋国代表籴茷允许结成和约，华元就亲身往楚国访问，然后到晋国访问，促成晋、楚的和约。

事情办成了……[1]就在宋国都城西门会见定盟，盟誓的话是："晋、楚两国总不要再动兵，双方采取一致态度，若有灾难，互相救济，若其他国家危害楚国，晋国应当加以讨伐，在晋国方面，楚国也同样办理。使节往来，不加妨碍，若有争执，共同协商，谁敢不服，共同问罪。任何一方违反此次盟誓，必受神诛，使其战败不能享国。”

[1] 月日人名已见原文，译文从略。

宋向戌善于赵文子，又善于令尹子木，欲弭诸侯之兵以为名，如晋告赵孟，赵孟谋于诸大夫。韩宣子曰：“兵民之残也，财用小蠹，小国之大菑也。将或弭之，虽曰不可，必将许之。弗许，楚将许之，以召诸侯，则我失为盟主矣。”晋人许之。如楚，楚亦许之。如齐，齐人难之。陈文子曰：“晋、楚许之，我焉得已？且人曰弭兵而我弗许，则固携吾民矣。将焉用之？”齐人许之。告于秦，秦亦许之。皆告于小国，为会于宋。五月甲辰，晋赵武至于宋。丙午，郑良霄至。六月丁未朔，宋人享赵文子，叔向为介，司马置折俎，礼也。仲尼使举是礼也，以为多文辞。戊申，叔孙豹、齐庆封、陈须无、卫石恶至。甲寅，晋荀盈从赵武至。丙辰，邾[1]悼公至。壬戌，楚公子黑肱先至，成言于晋。丁卯，宋向戌如陈。戊辰，滕成公至。

子木谓向戌，请晋、楚之从交相见也。庚午，向戌复于赵孟，赵孟曰：“晋、楚、齐、秦，匹也，晋之不能于齐，犹楚之不能于秦也。楚君若能使秦君辱于敝邑，寡君敢不固请于齐？”壬申，左师复言于子木，子木使驲[2]谒诸王，王曰：“释齐、秦，他国请相见也。”秋七月戊寅，左师至。是夜也，赵孟及子皙盟以齐言。庚辰，子木至自陈，陈孔奂、蔡公孙归生至，曹、许之大夫皆至，以藩为军。晋、楚各处其偏，伯夙谓赵孟曰：“楚氛甚恶，惧难。”赵孟曰：“吾左还入于宋，若我何？”

辛巳，将盟于宋西门之外，楚人衷甲[3]。伯州犁曰："合诸侯之师以为不信，无乃不可乎？夫诸侯望信于楚，是以来服。若不信，是弃其所以服诸侯也。"固请释甲。子木曰："晋、楚无信久矣，事利而已，苟得志焉，焉用有信？"大宰退，告人曰："令尹将死矣，不及三年。求逞志而弃信，志将逞乎？志以发言，言以出信，信以立志，参以定之。信亡何以及三？"赵孟患楚衷甲，以告叔向，叔向曰："何害也？匹夫一为不信，犹不可，单毙其死。若合诸侯之卿以为不信，必不捷矣。食言者不病，非子之患也。夫以信召人而以僭济之，必莫之与也，安能害我？且吾因宋以守病，则夫能致死，与宋致死，虽倍楚可也。子何惧焉！又不及是。曰弭兵以召诸侯，而称兵以害我，吾庸多矣，非所患也。"襄公二十七年（公元前五四六年）

［1］邾国即后来的邹国，都今山东邹平县东南。［2］古驿字作驲。［3］衷甲是衣服里面暗藏铠甲兵器的意思。

【说明】 宋向戌是华元的政策继承人，也运用外交以求解决春秋中期列国的多年痛苦。看他号召列国，往来折冲，确有主持公道、两面调停的态度，虽然楚国还是不能推心置腹，但是从此以后，小国只消分往晋、楚常川聘问，居然不再轮流受他们的侵略，一直到春秋末期，晋、楚交兵的旧事不再重演，不能不说是向戌苦心的收获，同时在他们的词令中间，也可以反映当时人民是极端厌恶侵略性的战争而渴望和平的。

【译文】 宋国的向戌和晋国的赵文子（赵武）有私交，又和楚国的令尹子木（屈建）有私交，打算终止列国的战争以增进自己的声望。到晋国和赵孟（即赵武）谈了之后，赵孟就和同事们商量。韩宣子（韩起）

说："战争是残害人民的，是耗费钱财的，对于小国，简直是巨大的灾祸。若有人主张停战，即使办不到，也一定要赞成。我们不赞成，楚国就会赞成，向列国号召，那我们就失去盟主资格了。"于是晋国人表示赞成。再到楚国，楚国也赞成。到了齐国，齐国人却为难起来。陈文子说："晋、楚都赞成了，我们怎能不赞成？人家讲的是止兵而我们不赞成，那么，我们的人民就先不服了，这有什么好处？"齐国人也就赞成了。又通知秦国，秦国也赞成。再向小国一律通知，在宋国开一次大会。五月甲辰，晋国的赵武到了宋国。第三天郑国的良霄到了。第四天宋国人请赵文子赴宴，叔向为次宾，司马置折俎[1]，这是合于礼节的。孔子曾经叫人把这次的礼节记了下来，因为其中富有词令[2]。第五天鲁国的叔孙豹，齐国的庆封，陈国的须无，卫国的石恶都到了。第十一天晋国的荀盈在赵武之后也到了。第十三天邾悼公到，第十九天楚国的公子黑肱先到，征求晋国的意见。第二十四天宋国的向戌到陈国就子木征求楚国的意见。第二十五天滕成公到。

子木对向戌表示希望凡是向来随从晋、楚两国的列国都相互朝见。第二十七天向戌拿这话回报赵武，赵武说："晋、楚、齐、秦是同等地位的，晋国不能强迫齐国，正犹楚国不能强迫秦国，楚君若能使秦君光临敝国，我们的国君又何敢不坚持请齐君朝楚？"第二十九天左师（向戌）再向子木回报，子木派驿使回去请示楚王，王说："把齐、秦两国除外不算，和其余各国相见吧。"第三十三天向戌到了。这天夜里，赵武和子皙（公子黑肱）定好了盟词。第三十五天子木从陈国到了，陈国的孔奂，蔡国的公孙归生和曹、许两国的大夫也都到了。各国都搭上篱笆作军营，晋、楚两军各归各的方向。伯夙告诉赵武："楚军的气氛很不好，恐怕要闹乱子。"赵武说："我向左一转就可以进入宋城，他将奈我何？"

第三十六天预备在宋国西门之外定盟了。楚国人都暗穿铠甲。伯州犂说:“召集列国的军队,做出不守信的事来,似乎不好吧。列国都仰望楚国守信,所以才来归附,假如不守信,那就失去使列国归附的资格了。”再三请他解去铠甲。子木说:“晋、楚不讲信义,不止一天了,只要于事有益而能得意,何在乎有信?”太宰(伯州犂)下去告诉别人说:“令尹要死了,等不到三年了。想要快意而放弃信义,果真能够快意吗?由意发言,由言出信,由信再立意,三者是互相联系的。信若丧失了,怎能等到三年呢?”赵武为了楚国人暗穿铠甲这件事担心,告诉叔向,叔向说:“有什么要紧?一个平民只要做一次不信的事,尚且不可,必至完全颠覆以死。至于集合列国的卿相而做出不信的事,一定不会成功的,自食其言的岂止病害而已?你用不着担心。以信召人,而成之以虚妄,一定不得人心,又何能害我?并且我们若真受害,则靠宋国来防守,必能为我尽力,有了宋国为我尽力,就是比楚国多一倍的力量,也不难的。你怕什么?何况还不至于此。既然号称息兵以召集列国,而又用兵害我,实际上我之所得已经很多了,不必担心。”

[1] 置折俎,据说是将已割的肉放在木盘里,是古时一种宴会的礼节。

[2] 此事内容现在已经失传。

七、鞌之战

七、鞌之战

这次战事，近因是晋国代表在齐国的受辱，远因在于被楚国打败之后，有失去霸权的危险，虽不能直接与楚争锋，却想另辟方向，挽救威望，博得鲁、卫等二等国家的归附。不过从此以后，这些国家都只能观望形势，在晋、楚之间，两方面讨好而已。晋楚两国霸权互为消长，就是这样形成的。

在这篇记载之中，可以看出列国的人保卫国家的忠勇机智。宾媚人一番外交手腕的巧妙，更是值得表扬的。

晋侯使郤克征会于齐，齐顷公帷妇人使观之。郤克登，妇人笑于房。献子怒，出而誓曰："所不此报，无能涉河。"献子先归，使栾京庐待命于齐，曰："不得齐事，无复命矣。"郤子至，请伐齐，晋侯弗许，请以其私属，又弗许。……宣公十七年（公元前五九二年）

……孙桓子还于新筑不入，遂如晋乞师。臧宣叔亦如晋乞师。皆主郤献子。晋侯许以七百乘。郤子曰："此城濮之赋也。有先君之明与先大夫之肃，故捷。克于先大夫，无能为役。请八百乘。"许之。郤克将中军，士燮佐上军，栾书将下军，韩厥为司马，以救鲁、卫。臧宣叔逆晋师，且道之。季文子帅师会之。及卫地，韩献子将斩人，郤献子驰，将救之，至则既斩之矣。郤子使速以徇，告其仆曰："吾以分谤也。"师从齐师于莘。

六月壬申，师至于靡笄之下。齐侯使请战，曰："子以君师，辱于敝邑，不腆敝赋，诘朝请见。"对曰："晋与鲁、卫，兄弟也，来告曰，大国朝夕释憾于敝邑之地，寡君不忍，使群臣请于大国，无令舆师淹于君地。能进不能退，君无所辱命。”齐侯曰：“大夫之许，寡人之愿也，若其不许，亦将见也。”齐高固入晋师，桀石以投人。禽之而乘其车，系桑本焉，以徇齐垒，曰：“欲勇者，贾[1]余馀勇。”癸酉，师陈于鞌。邴夏御齐侯，逢丑父为右。晋解[2]张御郤克，郑丘缓为右。齐侯曰：“余姑翦灭此而朝食。”不介马而驰之。郤克伤于矢，流血及屦。未绝鼓音。曰：“余病矣。”张侯曰：“自始合，而矢贯余手及肘，余折以御，左轮朱殷[3]，岂敢言病？吾子忍之。”缓曰：“自始合，苟有险，余必下推车，子岂识之？然子病矣。”张侯曰：“师之耳目，在吾旗鼓，进退从之。此车一人殿之，可以集事，若之何其以病败君之大事也？擐甲执兵，固即死也。病未及死，吾子勉之。”左并辔，右援枹而鼓，马逸不能止，师从之。齐师败绩。逐之，三周华不注。

韩厥梦子舆谓己曰：“且辟左右。”故中御而从齐侯。邴夏曰：“射其御者，君子也。”公曰：“谓之君子而射之，非礼也。”射其左，越于车下。射其右，毙于车中。綦毋[4]张丧车，从韩厥曰：“请寓乘。”从左右，皆肘之，使立于后。韩厥俛[5]定其右。

逢丑父与公易位，将及华泉，骖絓于木而止。丑父寝于轏[6]中，蛇出于其下，以肱击之，伤而匿之，故不能推车而及。韩厥执絷马前，再拜稽首，奉觞加璧以进，曰：“寡君使群臣为鲁、卫请曰，无令舆师陷入君地。下臣不幸，属当戎行，无所逃隐。且惧奔辟而忝两君。臣辱戎士，敢告不敏，摄官承乏。”丑父使公下，如华泉取饮。郑周父御佐车，宛茷为右，载齐侯以免。

韩厥献丑父，郤献子将戮之。呼曰：“自今无有代其君任患者，有一于此，将为戮乎？”郤子曰：“人不难以死免其君，我戮之不祥，赦之以劝事君者。”乃免之。

齐侯免，求丑父，三入三出。每出齐师以帅退，入于狄卒。狄卒皆抽戈楯冒之，以入于卫师。卫师免之。遂自徐关入。齐侯见保者，曰："勉之。齐师败矣。"辟女子，女子曰："君免乎？"曰："免矣。"曰："锐司徒免乎？"曰："免矣。"曰："苟君与吾父免矣，可若何？"乃奔。齐侯以为有礼，既而问之，辟[7]司徒之妻也，予之石窌[8]。

晋师从齐师入自丘舆，击马陉。齐侯使宾媚人，赂以纪甗、玉磬与地。不可，则听客之所为。宾媚人致赂。晋人不可，曰："必以萧同叔子为质，而使齐之封内尽东其亩。"对曰："萧同叔子非他，寡君之母也。若以匹敌，则亦晋君之母也。吾子布大命于诸侯，而曰必质其母以为信，其若王命何？且是以不孝令也。《诗》曰，孝子不匮，永锡尔类。若以不孝令于诸侯，其毋乃非德类也乎？先王疆理天下，物土之宜，而布其利。故《诗》曰，我疆我理，南东其亩。今吾子疆理诸侯，而曰尽东其亩而已。唯吾子戎车是利，无顾土宜，其无乃非先王之命也乎！反先王则不义，何以为盟主？其晋实有阙。四王之王也，树德而济同欲焉。五伯之霸也，勤而抚之，以役王命。今吾子求合诸侯，以逞无疆之欲。《诗》曰，布政优优，百禄是遒。子实不优，而弃百禄，诸侯何害焉？不然，寡君之命使臣则有辞矣。曰：子以君师辱于敝邑，不腆敝赋，以犒从者。畏君之震，师徒挠败，吾子惠徼齐国之福，不泯其社稷，使继旧好，唯是先君之敝器土地不敢爱。子又不许。请收合馀烬，背城借一。敝邑之幸，亦云从也。况其不幸，敢不唯命是听？"鲁、卫谏曰："齐疾我矣，其死亡者皆亲昵也，子若不许，仇我必甚。唯子则又何求？子得其国宝，我亦得地，而纾于难，其荣多矣。齐、晋亦唯天所授，岂必晋？"晋人许之。对曰："群臣帅赋舆以为鲁、卫请，若苟有以藉口，而复于寡君，君之惠也。敢不唯命是听？"成公二年（公元前五八九年）

[1] 贾读作古，就是买的意思。 [2] 解读作蟹。 [3] 殷读作烟，红黑色也。 [4] 綦毋读作其无。 [5] 俛与俯同。 [6] 轘是有篷子的特种兵车。 [7] 辟即壁字。 [8] 窌音溜。

【译文】 晋侯派郤克到齐国要求参加一个盟会，齐顷公预先在内室挂上帷帐，叫妇女们在里面张望，郤克一上台阶，妇女们（看见他一跛一跛地）就哗然大笑起来[1]，献子（郤克）大怒之下，出来就发誓说："此仇不报，再也不渡黄河向东来了。"于是先行回国，留栾京庐在齐国候消息，告诉他说："你若得不到齐国的情报，就不用再回来。"郤克一到，就建议伐齐，晋侯不听他的话，他又请求带自己的家兵去打，也不应允（因为知道他为的是私仇）。

卫国的孙桓子回到新筑[2]，并不进都城，就到晋国去要求派兵，鲁国的臧宣叔也到晋国去要求派兵（因为两国都受到齐国的侵略），都依赖郤克作主。这回晋侯答应派出兵车七百乘[3]（五万多人）。郤克说："城濮一战是这样的兵数，由于先君的贤明，先大夫的整肃，所以能战胜。我是不能比先大夫的，请派八百乘吧！"晋侯也允许了。郤克统中军，士燮统上军，栾书统下军，韩厥作军法长，来救鲁、卫。臧宣叔迎接晋军，并且作向导，（鲁国的）季文子带了兵来加入。进到卫国地界，韩厥正要杀人，郤克飞跑过去想阻止他。等他跑到，人已经被杀了。于是郤克叫人赶快拿来示众，告诉他的车御说："我情愿和他分担责任来受批评。"联军遂向莘的地方进逼齐军。

六月壬申这天，联军到了靡笄山下。齐侯派人要求交战说："你带了军队到敝国来，我们也稍微有点兵力，明天早晨见面何如！"对方就说："晋与鲁、卫是兄弟之国[4]，他们来说：贵国（齐国）天天到那里来寻仇。我们的国君实在心里不忍，所以叫我们来向贵国请求一下。不要让我军久留贵地。我们只能前进，不能后退，倒也不消你吩咐！”齐侯说：“你答应，固然是我所愿意的，你不答应，也是要见面的。”齐国的高固冲进晋军，挑起石头来向人掷去，把那人捉住，乘上他的兵车回去，还在车后面拴上一根桑树根，走遍齐军营垒号召一番，说：“我的勇气还多余着呢，谁想买过去就来买吧！”第二天，在鞌的地方列阵，齐侯的车御是邴夏，车右是逢丑父；郤克的车御是解张，车右是郑丘缓。齐侯说：“等我把敌人杀尽，再吃早饭不迟。”连马身上的铠甲都不曾装上，就直奔上前。郤克受了箭伤，血直流到鞋子，鼓声还不停止[5]。他说：“我真痛苦呀！”解张说：“从开始交战时，我手上已经受了箭伤，连到肘上，我把箭折断，流的血把车的左轮都染红了，都没有说痛苦，请你忍一忍吧！”郑丘缓说：“从开始交战时，遇着难走的地方，都是我下来推车的，你知道吗？不过你也真痛苦了。”解张说：“全军都靠我们的旗鼓作耳目，这一辆车只要有一个人来坐镇，也还可以成功，怎么可以为了痛苦败坏了国君的大事？我们穿上铠甲，拿起兵器，原是准备战死的。现在不过感到痛苦，还没有死，你振作一下吧！”于是把缰绳并在左手，右手拿过鼓槌又打，马奔腾起来，控制不住，全军也都跟上前，把齐军打得大败，环着华不注山追了三周。

从前韩厥梦见他父亲子舆告诉他不要位居左右，因此他在追齐侯的时候是在兵车当中作车御的。邴夏说：“他们的车御是个‘上等人’，射他吧！”齐侯说：“既然是个‘上等人’，而又射他，不合于礼。”于是射左边的人，把他射中，掉下车来了，又射右边的人，也射中了，倒在车中。此时綦毋张的兵车正损失了，找到韩厥说：“想搭你的车。”綦毋张立在车的左右，韩厥都不许可，用肘推他到后面去。韩厥一方面又要低着头把受伤的车右安顿好。

在这个当口，逢丑父就与齐侯换了一个位置，正跑到华泉，车旁边的一匹马被路旁树木绊住不能动了。原来逢丑父先在一辆篷车里面睡觉，上来一条蛇，他用膀臂一击，受了伤，又不肯告诉人，到这时候，就因为不能下来推车，被晋兵追上了。当下韩厥在马前抓住缰绳，行了个再拜稽首的敬礼[6]，取一杯酒，配上玉璧，送给齐侯（逢丑父此时正假充齐侯）说："我们的国君派我们替鲁、卫两国讲情，说：不要让大军陷在贵地。我不幸身任军事，无可逃避，而且恐怕临事脱逃正足以为两君之羞，我忝为一个军人，不得不承认自己无才，现在暂时代替你们的执事人员吧。"这话说完，逢丑父就叫（真的）齐侯下车去到华泉弄点水来喝（意思是暗示他逃走）。恰好还有一辆副车，是郑周父作车御，宛茷作车右的，齐侯就搭上这车脱险了。

韩厥把这（假的齐侯）逢丑父献上去，郤克一看不对，当然大怒，就要杀他。他大呼起来说："从此没有人肯代国君受难的了，有这样的人还要处死吗？"郤克说："人家既然不怕牺牲性命来保他的国君脱险，我杀他是件不祥的事。赦了他也好勉励一些尽忠的臣子！"当下也就把他释放了。

齐侯脱险以后，要想把逢丑父抢救回来，一共冲进三次，退出三次。又屡次派出（生力的）齐军来掩护败退的残兵，以至陷入狄军阵地，狄兵都抽出戈楯保护他，又陷入卫军阵地，卫兵也把他保护出来[7]。于是从徐关回到了都城。齐侯看见守城的人，就说："努力呀！齐国的兵打败了。"恰好有一个女子在路上，兵士们吆喝她躲开，她听见战败的消息，就问："国君脱险了吗？"说："脱险了。"又问："掌军械的长官脱险了吗？"说："也脱险了。"她就说："只要国君和我的父亲都脱险了，还怎么样？"然后才跑开。齐侯觉得这女子有礼节，后来打听出来是掌营垒的长官的妻子，就拿石窌地方赐了她作封邑。

晋军仍然紧追齐军，从丘舆进击马陉。于是齐侯派了宾媚人用纪国得来的一件甗和玉磬，加上割让的土地，作为谢罪的礼物，并且指示他，如果还不答应，那就只好随敌人怎样办。宾媚人把礼物一送去，晋国人还是不答应，提出的条件是要以萧同叔子作抵押，而且齐国境内的亩道都要形成东西横列[8]。宾媚人就说：“萧同叔子不是别人，是我们国君的母亲。若按辈分说来，也就是晋国君的母亲。你向列国发布大命，而叫人家拿母亲作担保品，置王命于何地？况且这简直是教人以不孝。《诗经》上说：孝子所以能永不缺乏，乃是由于能推广及于同类。若是以不孝之事令于列国，那恐怕不是好的推类方法吧。至于先王规定天下的疆界，是各按地方情况，适合他们利益的，所以《诗经》上说：我们的疆界之中，田亩有南向的，也有东向的。现在你为列国整理疆界，却说要把亩道一概改成东向，只顾你的兵车驰骋便利，不管地方情况，恐怕不合于先王的规定吧。违反先王之制那就是不正当，怎能主列国之盟呢？似乎晋国也有点错吧。四王[9]之所以成王业，是因为能树立恩德，完成大家的希望；五伯之所以成霸业，是因为肯替大家出力，安抚他们，以为王室服务。现在你却打算纠合列国以满足你无穷的欲望。《诗经》上说：布政宽和，所以福禄集中。你自己不能宽和，放弃福禄，于列国有什么损害？你果然一定不肯，那么，我们的国君已经吩咐过使臣一番话了：你带了军队，来到敝国，我们也只有这点力量，犒劳贵部。因为畏惧你们国君的声威，以致全军败折。你若肯顾念齐国，不灭我们的国家，让我们恢复从前的友谊，那么，我们先君留下的一点器物和土地是不敢吝惜的。你既然还不答应，那只好收集残兵，在城边再打一仗，敝国若能侥幸胜了，自然也还是服从的，若仍然不胜，怎敢不完全听命？”[10]鲁、卫都来劝晋国人（指郤克）说：“这回齐国对我们够痛恨了，阵亡的人都是他们的至亲。你一定不肯，那就越发要拿我们来泄愤。你又还有什么不能满足？你得了他们的国宝，我们得了失地，以后又免得再受威胁，面子已经够了。齐、晋究竟谁强，也还在乎天意，难道永远是晋国强吗？”晋国人方才答应了。然后回答说：“我们带了兵来，为的是替鲁、卫讲情，只要可以有句话回复我们的国君，就是你的好意。敢不完全听命？”

［1］这件事《公羊》《穀梁》两传都有记载，《穀梁》说是成公元年的事，《公羊》说是二年的事。两传都说各国代表有跛子有瞎子，齐国派跛子招待跛子，瞎子招待瞎子，而齐顷公的母亲萧同叔子窥看他们大笑起来。当时列国的代表就在门口谈了许久的话。齐国人知道这事，都说祸事要从此起来了。萧同叔子是这回闯祸的人，《左传》没有在此处说明白，以下的记事就不很清楚，这是应当补充的。［2］卫国的执政孙桓子也新近为齐军所败。［3］此时郤克正执晋国的政权。［4］晋、鲁、卫都是姬姓之国，故称兄弟之国。［5］古代作战时元帅亲自打鼓作号令。［6］再拜稽首是对国君的敬礼。［7］这是说明狄、卫两国的人都不敢过于逼迫齐军。［8］这是叫齐国撤废国防，以后晋军可以由西而东，直闯进来，因为田亩上的沟岸最不利于车战。齐国的田亩大概有些是南北纵列的，对于西面来的敌兵能起防御作用。［9］四王是禹、汤、文王、武王。［10］这一段的措词，《公羊》《穀梁》都比《左传》简洁，末了几句话，含义很严正，而口气却和平，是交涉胜利的主要原因。杜注解得似乎不对，今参《公》《穀》两传的意思译出，同时采取刘炫的解说。

八、鄢陵之战

八、鄢陵之战

春秋中期，晋楚两国为了争取郑国的归附，冲突得十分激烈。城濮之战晋胜，邲之战楚胜，这一次鄢陵之战又是晋胜，然而胜负都只是一时的，并不能彻底解决。在这一次的战役中尤其可以看出双方都有缺点，争霸的局面也就到了末日了。

晋侯将伐郑，范文子曰："若逞吾愿，诸侯皆叛，晋可以逞。若唯郑叛，晋国之忧可立俟也。"栾武子曰："不可以当吾世而失诸侯，必伐郑。"乃兴师。栾书将中军，士燮佐之。郤锜将上军，荀偃佐之。韩厥将下军，郤至佐新军。荀罃居守。郤犨如卫，遂如齐，皆乞师焉。栾黡来乞师，孟献子曰："有胜矣。"戊寅，晋师起。

郑人闻有晋师，使告于楚，姚句耳与往。楚子救郑。司马将中军，令尹将左，右尹子辛将右。过申，子反入见申叔时，曰："师其何如？"对曰："德、刑、详、义、礼、信，战之器也。德以施惠，刑以正邪，详以事神，义以建利，礼以顺时，信以守物。民生厚而德正，用利而事节，时顺而物成，上下和睦，周旋不逆，求无不具，各知其极。故《诗》曰：立我烝民，莫匪尔极。是以神降之福，时无灾害，民生敦厖[1]，和同以听。莫不尽力以从上命，致死以补其阙。此战之所由克也。今楚内弃其民，而外绝其好，渎齐盟而食话言，奸时以动，而疲民以逞。民不知信，进退罪也。人恤所底，其谁致死？子其勉之。吾不复见子矣。"姚句耳先归，子驷问焉。对曰："其行速，过险而不整。速则失志，不整丧列。志失列丧，将何以战？楚惧不可用也。”

五月，晋师济河。闻楚师将至，范文子欲反，曰：“我伪逃楚，可以纾忧。夫合诸侯，非吾所能也，以遗能者。我若群臣辑睦以事君，多矣。”武子曰：“不可。”六月，晋、楚遇于鄢陵。范文子不欲战。郤至曰：“韩之战，惠公不振旅。箕之役，先轸不反命。邲之师，荀伯不复从。皆晋之耻也。子亦见先君之事矣。今我辟楚，又益耻也。”文子曰：“吾先君之亟战也，有故。秦、狄、齐、楚皆强，不尽力，子孙将弱。今三强服矣，敌楚而已。唯圣人能外内无患，自非圣人，外宁必有内忧。盍释楚以为外惧乎？”

甲午，晦，楚晨压晋军而陈。军吏患之，范匄[2]趋进，曰：“塞井夷灶，陈于军中，而疏行首。晋、楚唯天所授，何患焉？”文子执戈逐之，曰：“国之存亡，天也。童子何知焉？”栾书曰：“楚师轻窕，固垒而待之，三日必退。退而击之，必获胜焉。”郤至曰：“楚有六间，不可失也。其二卿相恶。王卒以[3]旧。郑陈而不整。蛮军而不陈。陈不违晦。在陈而嚣，合而加嚣，各顾其后，莫有斗心。旧不必良，以犯天忌。我必克之。”

楚子登巢车[4]以望晋军。子重使大宰伯州犁侍于王后。王曰：“骋而左右，何也？”曰：“召军吏也。”“皆聚于军中矣。”曰：“合谋也。”“张幕矣。”曰：“虔卜于先君也。”“彻幕矣。”曰：“将发命也。”“甚嚣，且尘上矣。”曰：“将塞井夷灶而为行也。”“皆乘矣，左右执兵而下矣。”曰：“听誓也。”“战乎？”曰：“未可知也。”“乘而左右皆下矣。”曰：“战祷也。”

伯州犁以公卒告王。苗贲皇在晋侯之侧，亦以王卒告。皆曰：“国士在，且厚，不可当也。”苗贲皇言于晋侯曰：“楚之良，在其中军王族而已。请分良以击其左右，而三军萃于王卒，必大败之。”公筮之。

史曰："吉。其卦遇复䷗，曰：'南国蹙，射其元，王中厥目。'国蹙王伤，不败何待？"公从之。有淖于前，乃皆左右相违于淖。步毅御晋厉公，栾鍼为右。彭名御楚共王，潘党为右。石首御郑成公，唐苟为右。栾、范以其族夹公行，陷于淖。栾书将载晋侯，鍼曰："书退！国有大任，焉得专之？且侵官，冒也。失官，慢也。离局，奸也。有三罪焉，不可犯也。"乃掀公以出于淖。

癸巳，潘尪之党与养由基蹲[5]甲而射之，彻七札焉，以示王，曰："君有二臣如此，何忧于战？"王怒曰："大辱国。诘朝，尔射死艺。"吕锜梦射月，中之，退入于泥。占之，曰："姬姓，日也。异姓，月也。必楚王也。射而中之，退入于泥，亦必死矣。"及战，射共王中目。王召养由基与之两矢，使射吕锜，中项，伏弢。以一矢复命。

郤至三遇楚子之卒，见楚子必下，免胄而趋风。楚子使工尹襄问之以弓，曰："方事之殷也，有韎韦之跗注[6]，君子也。识见不谷而趋，无乃伤乎？"郤至见客，免胄承命，曰："君之外臣至从寡君之戎事，以君之灵，间蒙甲胄，不敢拜命。敢告不宁，君命之辱。为事之故，敢肃使者。"三肃[7]使者而退。

晋韩厥从郑伯，其御杜溷罗曰："速从之，其御屡顾，不在马，可及也。"韩厥曰："不可以再辱国君。"乃止。郤至从郑伯，其右茀翰胡曰："谍辂[8]之，余从之乘而俘以下。"郤至曰："伤国君有刑。"亦止。石首曰："卫懿公唯不去其旗，是以败于荧。"乃内旌于弢中。唐苟谓石首曰："子在君侧，败者壹大。我不如子。子以君免，我请止。"乃死。

楚师薄于险，叔山冉谓养由基曰："虽君有命，为国故，子必射。"乃射。再发，尽殪。叔山冉搏人以投，中车折轼。晋师乃止。囚楚公子茷。

栾鍼见子重之旌，请曰："楚人谓夫旌子重之麾也，彼其子重也。日臣之使于楚也，子重问晋国之勇。臣对曰，好以众整。曰：又何如？臣对曰，好以暇。今两国治戎，行人不使，不可谓整。临事而食言，不可谓暇。请摄饮焉。"公许之。使行人执榼[9]承饮，造于子重，曰："寡君乏使。使鍼御[10]持矛，是以不得犒从者，使某摄饮。"子重曰："夫子尝与吾言于楚，必是故也，不亦识乎？"受而饮之。免使者而复鼓。

旦而战，见星未已。子反命军吏察夷伤，补卒乘，缮甲兵，展车马，鸡鸣而食，唯命是听。晋人患之。苗贲皇徇曰："蒐乘补卒，秣马利兵，修陈固列，蓐食申祷，明日复战。"乃逸楚囚。王闻之，召子反谋。谷阳竖[11]献饮于子反，子反醉而不能见。王曰："天败楚也夫，余不可以待。"乃宵遁。晋入楚军，三日谷。范文子立于戎马之前，曰："君幼，诸臣不佞，何以及此？君其戒之。《周书》曰，惟命不于常，有德之谓。"

楚师还，及瑕，王使谓子反曰："先大夫之覆师徒者，君不在。子无以为过，不谷之罪也。"子反再拜稽首曰："君赐臣死，死且不朽。臣之卒实奔，臣之罪也。"子重使谓子反曰："初陨师徒者，而亦闻之矣，盍图之？"对曰："虽微先大夫有之，大夫命侧，侧敢不义？侧亡君师，敢忘其死？"王使止之，弗及而卒。成公十六年（公元前五七五年）

［1］敦庬是丰厚的意思。［2］匄读如盖。［3］古以字已字互通。［4］巢车是有楼的车。［5］蹲是聚集的意思。［6］韎是红色。跗注等于现在的绑腿。［7］肃是仿佛作揖的敬礼，古时身着军服的人是不下拜的。［8］辂读作迓，就是迎迓的意思。［9］榼是盛饮料的器皿。［10］此御字是侍御的意思。［11］竖是内侍。

【译文】 晋侯预备伐郑（因为郑国服从楚国的缘故），范文子（士燮）

说："若依我的意思，列国都叛了晋国，晋国倒好些。若单是郑国叛，晋国的危机立刻就到了。"栾武子说："无论如何，总不可以从我手里失去霸权。郑是一定要讨伐的。"于是决定出兵。栾书统中军，士燮作副帅。郤锜统上军，荀偃作副帅。韩厥统下军，郤至作新军副帅。荀罃留守。郤犨出使卫国，又出使齐国，都邀请他们出兵。栾黡来鲁国也邀请出兵，孟献子说："有得胜的预兆了。"戊寅日，晋军遂出发。

郑国人听说晋国动了兵，就派人往楚国报告，姚句（勾）耳也在其中。楚王立刻来救郑。司马子反统中军[1]，令尹子重统左军，右尹子辛统右军。经过申城，子反进去访问申叔时[2]，说："这回出兵，你看怎样？"他说："德、刑、详（祥）、义、礼、信，这六种都是作战的条件。德是为的施惠，刑是为的正邪，详是为的事神，义是为的建利，礼是为的顺时，信是为的守物。于是民生安乐而民德归正，用得其利而事有节制，顺时而动，万物得所，上下和睦，举动顺理，各得所求，趋向同一的标准。所以《诗经》上说：把民众建立起来，就无不向着同一的标准。这样神才降福，不逢灾害，民生敦厚，齐心奉公，无人不竭力服从命令，前仆后继，所以战而能胜，就是由此。现在楚国内则违弃了人民，外又断绝了邦交，背盟失信[3]，行动违反农时[4]，而劳动民力以快私意，人民并不知道政府有什么信用，进也可能为罪，退也可能为罪。大家自顾不暇，谁肯拼死？你努力吧，我是不能再和你见面的了！"姚句耳先回郑国，子驷问他楚国情形如何。他说："行军急促，通过险地时行列又并不整肃。急促就不细心，不整肃就没有秩序，既不细心又没有秩序，如何能作战？楚国怕不行了。"

五月，晋军渡过黄河，听说楚军要到了，范文子主张回去，他说："我们不妨假装逃避楚国，事情便可缓和。至于纠合诸侯这件事我是无能为力的，留待有能力的人吧！我们只要大家同心奉公也就够了。"栾武子说：

“不可。”六月，晋楚两军在鄢陵遇见了。范文子总不主张作战。郤至说：“从前韩之战，惠公不曾凯旋，箕之战[5]，先轸不曾复命，邲之战，荀林父不曾从原路退兵，都是晋国的耻辱，这些先君的旧事你是晓得的，我们现在又逃避楚国，那就是又加上一番耻辱了。”文子说：“我们先君屡次作战是不得已的，秦、狄、齐、楚都强，若不尽力，子孙必弱。现在那三个强国已经服了，只剩楚国一个敌人。只有圣人才能内外都没有忧虑，不是圣人，外面无事，内里必有事，何不把楚国搁在一边，作为从外面来的儆戒呢？”

这月末一日是甲午，楚军一早就迫近晋军列出阵来。军官们有点害怕。范匄（士燮的儿子）走上来说：“把井填满，把灶划平，就在军中列阵，再把前面的道路疏通开来，晋楚谁胜谁败，在乎天意，怕什么呢？”范文子（范匄的父亲）拿起戈来赶他出去说：“小孩子懂得什么？国家存亡自有天在！”栾书说：“楚兵轻率，我们只须坚守营垒等他，三天必退，退了再攻击，必然可以得胜。”郤至说：“楚国有六种弱点，不要失去机会呀！他们的两个执政有意见，王的亲兵太老，郑兵虽能列阵而不能整肃，蛮兵虽能成军而不能结阵，列阵而不避月末的日子[6]，在结阵之中喧哗起来，结好阵喧哗得更厉害，大家有后顾之忧而无斗志，老人不都是好的，又犯了天忌，我们一定可以打败他们。”

楚王登上一种有楼的车来侦察晋军动静，子重派了太宰伯州犁[7]在王后面陪着。王问：“左右纷纷奔走，是什么事？”他说：“这是召集军官。”王又说：“都集合在中军了。”他说：“这是开会议。”王又说：“搭上天幕了。”他说：“这是祭告先君举行占卜。”王又说：“撤去天幕了。”他说：“这是预备发布命令。”王又说：“喧哗而且尘土飞扬了。”他说：“这是预备填井平灶，疏通阵道。”王又说：“都上车了，车左右的人又都拿着兵器下车了。”他说：“这是听宣誓。”王说：“是预备作战吗？”他说：“还不一定。”

王又说："上了车，左右的人又都下来了。"他说："这是作战前的祈祷。"

伯州犁把晋侯亲兵所在告诉楚王，苗贲皇[8]也在晋侯旁边把楚王亲兵所在告诉了他。都说："这都是一国最优秀的兵，力量雄厚，不易对付的。"苗贲皇向晋侯建议说："楚国精兵都在他们的中军的王族，我们不如分出些精兵攻击他们的左右两军，而集中我们三军对付楚王的亲兵。一定可以狠狠打败他们。"晋侯卜起卦来，卜人说："好，得的是'复'卦，卦辞说：'南国失势了，射击他们的首脑把王的眼睛射中了[9]。'国家失势，王也受伤，不是打败还有什么？"晋侯就听从了他的话。阵前恰有一大摊泥水，于是大家分开左右，躲着泥水往前走。此时一边是晋厉公出马，步毅作车御，栾鍼作车右，一边是楚共王出马，彭名作车御，潘党作车右。还有郑成公的车御是石首，车右是唐苟。栾、范两族分在晋侯亲兵旁边护卫。车陷在泥水里，不能动了，栾书打算请晋侯上他的车，他的儿子栾鍼却说："栾书退下，国家重任在你身上，怎可自专？而且侵犯别人的职务，放弃自己的本职，远离自己的队伍，是犯了三大罪了。"于是他自己把晋侯的兵车从泥水里掀了出来。

在这事的前一天，潘尪的儿子潘党和养由基两人叠起好几层铠甲来射，一箭就射中了七层铠甲，当下报告楚王说："你的部下有这样本领。作战还怕什么？"楚王骂他们一顿说："你们真是替国家丢脸！明天早晨开战，你们就死在你们的本领上头！"晋国的吕锜（魏锜）梦见射月亮，居然射中，退下来陷在淤泥当中，请人替他卜一卜，人家告诉他说："姬姓可以比方太阳，异姓可以比方月亮，楚是异姓，那就是楚王了。射中了，又退下陷在泥中，你自己恐怕也要死了。"及至开战，果然射中了共王的眼睛，王叫了养由基来，交给他两支箭去射吕锜，一箭射中他的颈项，马上就倒在弓衣上了。还剩下一支来报告完成任务。

郤至遇见楚王的亲兵三次，一见楚王一定要除去头盔，风一般地跑过去[10]。楚王派工尹襄送他一张弓，说：“方才战事剧烈的时候，有一位穿红皮绑腿的先生，看见我就跑过去，不要受累了吧。”郤至会见来客，问明来意，就除去头盔说：“你的外国臣子郤至参与我们国君的军事，托你的威福，也披上了甲胄，所以不能下拜，蒙你下顾，深觉不安，因为有军事，对来使行个军礼吧。”于是对来使行了个三揖之礼就退去了。

晋国的韩厥追郑伯，他的车御杜溷罗说：“快追，敌人的车御屡次望后看，心不在马，一定追得上的。”韩厥说：“我不可以再羞辱人家的国君了。”[11]就不追了。郤至又来追郑伯，他的车右茀翰胡说：“派奇兵绕出他的前面，我从后面攀上车，就可以把他俘虏下来。”郤至说：“伤国君是有罪的。”也不追了。石首说：“从前卫懿公没有捲去自己的旌旗，所以（被敌人集中攻击）在荧战败。”于是把旌旗捲在弓衣中。唐苟向石首建议说：“你在国君之旁，败起来更厉害，我的责任比你轻，你保着国君脱险，我来死战。”唐苟终于战死了。楚兵被险地阻挡住了，叔山冉对养由基说：“国君虽然有话，你为国家的缘故，总要射呀！”他于是射起来，射两箭，就死了两个人，叔山冉抓起一个人投掷到晋军的兵车上，把车前的横木都打折了。晋军才不敢再追，把楚国的公子茷生擒了去就罢了。

栾鍼看见子重的旗旗[12]，就向晋侯报告说：“楚国人都认得这旌旗是子重的旗章，现在这就是子重了。从前我奉使到楚国，楚王曾经问过我，晋国之勇如何？我说：‘喜欢人多而能整齐。’又问其余如何，我说：‘喜欢从容不迫。’现在两国交兵，而不派个代表，不得谓之整齐，临事不记从前的话，不得谓之从容。让我去送点饮料给他吧。”楚王认可了，他就派一个代表带着饮料访问子重说：“我们的国君因为缺人使用，叫我也跟着在旁拿根矛，所以不能亲自来犒劳贵部，派我来送点饮料。”子重说：“他这位先生[13]曾经在楚国同我谈过这话，就是这个道理，他也记性太好了。”受下喝了，等来使去远，仍旧打起鼓来。

从清早战起，到见星的时候还没有停。子反下令调查受伤的人，补充损失，修理甲兵，陈列车马，鸡鸣吃饭，听候命令行事！晋国人怕起来了，苗贲皇传令下去说：“检阅补充的兵马，喂马磨刀，巩固行列，早起吃饭，再行祈祷，明天还要交战。”故意把楚国的俘虏放回去。楚王听见这话，叫子反来商议，谁知内侍穀阳给子反送了酒去，喝醉了不能见。楚王说：“这是天意要败楚国了，我不可再耽误。”半夜就逃走了。晋军占了楚国军营，吃了他们的三天粮食。范文子立在晋君的马前说：“君还年幼，我们臣子又都不才，怎会有今日的成功？请你不要大意啊！周书说得好：天命所在没有一定，就在于有德的了。”

楚军回到瑕的地方，楚王派人对子反说：“先大夫之所以打败仗，是国君自己没有出去的缘故，现在你也不必引咎，这都是我的罪。”子反再拜叩头说：“君叫臣死，死也是不朽的。既是我的部下退却，我当然有罪！”子重还对子反说：“从前打败仗的，你总也听见说过，打打主意吧！”子反说：“即使没有先大夫的成例，你教我，我敢作不义的事吗？我既然损失了国君的军队，怎敢忘记自己的死罪呢？”楚王叫人拦阻他不叫他自杀，但是已经来不及了。

[1] 此时楚国令尹掌政权，司马掌军权，制度与前稍不同。 [2] 申叔时是楚国的元老，告老在申。 [3] 指前年晋、楚曾订盟约。 [4] 此时是夏历二月，正当春耕的季节。 [5] 这一战役是对狄国的。 [6] 古时忌讳用月末的日子作战。 [7] 伯州犁是晋国人投奔楚国的。 [8] 苗贲皇是楚国人投奔晋国的。 [9] 这是卜卦人编的话，好像后世签诗一般。 [10] 古时以趋走为敬。 [11] 事见鞌之战。 [12] 古时国君将帅各有各的旗章。 [13] 指栾鍼。

九、郑国的内政外交

九、郑国的内政外交

子产是春秋时代一个大政治家，执郑国政权二十年之久，国内长久的内乱竟能平息下来。晋楚两国向来以郑国为争执焦点：服从晋国，楚国便不答应；服从楚国，晋国又不答应。子产却能在两个大国之间保持自己的地位，两国都不敢轻视。处境愈困难，愈可以显出他的才能。他每逢执行政策的时候，是坚定不移，不为浮言所惑的，但是群众的意见，他却虚心接受。看他整理财政、组织民众两件事，虽然记载简单，也可以想见他的为人。至于学识丰富，词令动人，思考周密，也是他的成功因素。

不过我们必须知道：子产的政绩只能暂时地缓和一下国内的矛盾，他所以要铸刑书，无非是靠成文法来巩固统治，所以他刚一死，“萑苻之盗”就起来了，这就反映了民众反抗统治者的真相。足见那时郑国因迫于外患，加重了人民的负担，而使农民的生活陷于非常困苦的地步。

郑子皮授子产政，辞曰：“国小而逼，族大宠多，不可为也。”子皮曰：“虎[1]帅以听，谁敢犯子？子善相之，国无小，小能事大，国乃宽。”子产为政，有事伯石，赂与之邑。子大叔曰：“国皆其国也，奚独赂焉？”子产曰：“无欲实难，皆得其欲以从其事而要其成。非我有成，其在人乎？何爱于邑？邑将焉往？”子大叔曰：“若四国何！”子产曰：“非相违也，而相从也。四国何尤焉？‘郑书’有之曰：安定国家，必大焉先。姑先安大以待其所归。”既，伯石惧而归邑，卒与之。伯有既死，使大史命伯石为卿，辞。大史退则请命焉。复命之又辞。如是者三，乃受策入拜。子产是以恶其为人也，使次己位。

子产使都鄙有章，上下有服，田有封洫，庐井有伍。大人之忠俭者从而与之，泰侈者因而毙之。丰卷将祭，请田焉，弗许。曰："唯君用鲜，众给而已。"子张怒，退而征役。子产奔晋，子皮止之而逐丰卷，丰卷奔晋。子产请其田里，三年而复之，反其田里及其入焉。从政一年，舆人诵之曰："取我衣冠而褚[2]之，取我田畴而伍之，孰杀子产，吾其与之。"及三年，又诵之曰："我有子弟，子产诲之。我有田畴，子产殖之。子产而死，谁其嗣之！"襄公三十年（公元前五四三年）

[1] 虎是子皮的名字。 [2] 褚是收藏的意思。

【说明】 郑国的大夫们在这以前，惯于争夺，伯有就是因此被杀的。子皮比较贤明，为众望所归，但他自己知道才能不如子产，所以推子产出来执政，他自己作后援来支持他的政策。这是郑国复兴的一个关键。

【译文】 郑子皮把政权交给子产，子产不肯，他说："国小而夹在大国中间，世族又强大，贵人又多，是没有办法的。"子皮就说："我来领导他们服从你，谁敢反抗？你好好帮忙吧！国不怕小，小国要能随从大国，国家自然可以从容发展。"子产执政以后，有事情要交派伯石，先赠送些地方给他。子太叔就发言了："国家是我们大家的，为什么单要赠送他？"子产说："人不能没有欲望，大家都满足了欲望，好好地把事情做成功，这不就是我们的成功吗？难道会便宜了别人？何必舍不得地方？地方不还存在？还能跑掉吗？"子太叔说："恐怕外国要议论吧！"子产说："不是大家互相反抗，而是大家互相服从，怕什么外国的议论？我们郑国古书有一句话：若要使国家安定，先要把大族安顿下来。现在暂时安顿大族再看结果吧。”伯石听见了这番话，也就不敢收受了。可是子产依然送给了他。当伯有死的时候，太史奉命以卿的职位授与伯石，他不受。太史去了，他又说可以受，太史又去了一次，他又辞退了。这样往返三次，方才接受命令，入宫受职。所以子产很不喜欢他的为人，把他安排在自己下面第二位的位置。

子产执政之后，使城乡有固定的章则，上下有固定的服制，田亩用岸和沟划分清楚，居民用五家相保的方法编排起来。对贵族中优秀分子加以支援，对荒淫奢侈者则加以扑灭。丰卷因为祭祀之故，希望允许他打一回猎，他不肯，说：“只有国君才用新打来的野兽，其余大家只要现成的够用就是了。”丰卷恨极了，下来就征兵要攻子产，子产只得奔往晋国。子皮知道了，一面拦住他，一面把丰卷驱逐出国，丰卷于是逃到晋国去了。但是子产仍旧替他说话，保留他的田地，三年之后，叫他回国，连田地带收入一起都还了他。子产执政一年，大家编了一首歌说：“拿我的衣帽去收藏起来，拿我的田地去编排起来，谁要想杀子产，我们是赞成的。”三年之后，大家却又编了一首歌说：“我的子弟是子产替我教育的，我的田地是子产替我增殖的，子产若是死了，还有谁能够继承他啊！”

郑人游于乡校以论执政。然明谓子产曰：“毁乡校何如？”子产曰：“何为？夫人朝夕退而游焉，以议执政之善否。其所善者吾则行之，其所恶者吾则改之，是吾师也，若之何毁之？我闻忠善以损怨，不闻作威以防怨，岂不遽止？然犹防川，大决所犯，伤人必多，吾不克救也。不如小决使道，不如吾闻而药之也。”然明曰：“蔑[1]也今而后知吾子之信可事也。小人实不才，若果行此，其郑国实赖之，岂唯二三臣？”仲尼闻是语也，曰：“以是观之，人谓子产不仁，吾不信也。”襄公三十一年（公元前五四二年）

[1] 蔑是然明的名字。

【译文】 郑国人在乡里的学校中闲游，批评执政。然明听见此事，就对子产建议说："废止乡里的学校何如？"子产说："干什么要废止？他们早晚无事闲游，批评执政的好坏，好的我做下去，坏的我改过来，正是我的导师，怎么可以废止？我只知道忠诚善良可以减轻仇恨，却不知道靠立威权来防止仇恨。难道不能立刻止住？但是譬如防水，大的决口冲起来，为害必更多，没有法子补救。不如让它小小开条出口，让我拿来当药来治病吧！"然明说："我现在才知道你真是够得上领导我们的。我是个平凡人，实在无才。你若果真这样做法，整个郑国都要靠你，岂但我们这班人呢？"后来孔子听见了这番话，曾经说过："这样看来，有人说子产不是仁厚的人，我真不信。"

子皮欲使尹何为邑。子产曰："少，未知可否。"子皮曰："愿，吾爱之，不吾叛也。使夫往而学焉，夫亦愈知治矣。"子产曰："不可，人之爱人，求利之也。今吾子爱人则以政，犹未能操刀而使割也。其伤实多。子之爱人，伤之而已，其谁敢求爱于子？子于郑国，栋也，栋折榱[1]崩，侨[2]将厌[3]焉，敢不尽言？子有美锦，不使人学制焉。大官大邑，身之所庇也，而使学者制焉。其为美锦不亦多乎？侨闻学而后入政，未闻以政学者也。若果行此，必有所害。譬如田猎射御，贯[4]则能获禽。若未尝登车射御，则败绩厌覆是惧，何暇思获？"子皮曰："善哉！虎不敏。吾闻君子务知大者远者，小人务知小者近者。我小人也。衣服附在吾身，我知而慎之。大官大邑，所以庇身也，我远而慢之。微子之言，吾不知也。他日我曰：子为郑国，我为吾家以庇焉，其可也。今而后知不足。自今请，虽吾家，听子而行。”子产曰：“人心之不同，如其面焉。吾岂敢谓子面如吾面乎？抑心所谓危，亦以告也。”子皮以为忠，故委政焉。子产是以能为郑国。**襄公三十一年（公元前五四二年）**

［1］榱是屋椽，读如催。［2］侨是子产的名字。［3］古压字作厌。［4］古惯字作贯。

【译文】 子皮想叫尹何管理地方。子产说：“太年轻，不知道能不能胜任。”子皮说：“他为人忠厚，我喜欢他，不会违反我的。不妨叫他练习练习，等他慢慢地也可以懂得办事的道理。”子产说：“这样不对，爱人总要于人有益，你现在却为了爱人轻易叫他从事政治，等于叫不会用刀的人去割肉，那是要大大受伤的。你的爱人只是伤人，那么，谁敢求你的爱呢？你在郑国，等于屋梁。屋梁一断，椽木都要倒下来，我就会压在底下了，怎敢不尽量直言？假使你有一块好的锦缎，一定不会叫人拿来练习着做衣裳。重要的职务，重要的地方，乃是我们生命所托庇的，倒要叫人当做衣裳来练习吗？这难道不比一块好的锦缎贵重得多吗？我只知道练习好了的人才可以担当政治，没有听说拿政治来练习的。一定要这样办，必没有好结果。譬如打猎射御的事，必须有经验的才能打到野兽，假使从来没有经历过登车射御的事，只愁翻车被压，全盘失败，还能希望打到野兽吗？”子皮说：“对呀！我的见解实在不够。我一向听说，上层分子应该注意大的远的，平常的人应该注意小的近的。衣服贴在我的身上，我倒知道爱惜慎重。重要的职务，重要的地方，我倒反而疏远忽略了。你不告诉我，我还不明白这个道理。从前我说过这话：你管郑国的政治，我管我的家务，靠你的庇荫，总可以吧！从今天起，连这个我都不配了。即使是我的家务，也要请教你再办了。”子产说：“人的思想正如人的面貌，是不相同的，我怎敢说你的面貌和我的面貌一样呢？不过心里觉得不妥当，说出来就是了。”子皮认为子产是忠诚的人，所以将政权完全托付他。因此子产才能将郑国的事情办好。

郑子产作丘[1]赋，国人谤之曰：“其父死于路，已为虿[2]尾，以令于国，国将若之何？”子宽以告。子产曰：“何害？苟利社稷，死生以之。且吾闻为善者不改其度，故能有济也。民不可逞，度不可改。诗曰：礼义之不愆，何恤于人言[3]？吾不还矣。”昭公四年（公元前五三八年）

［1］丘是田亩的名称。［2］虿是蝎子，尾有毒。［3］这两句是佚诗，现在的《诗经》不载。

【译文】 郑子产定出田赋的规则，除原有以外，再加一种税（据孔氏《正义》说），国人都毁谤他说：“父亲死于非命（原来子产父亲子国是被杀的），儿子又做这种害人的事，在国内乱发命令。国家怎样办呢？”子宽拿这种话告诉了子产。子产说：“这有什么要紧？只要是有利国家的事，死活都不必管。而且据我所得的经验，要做有益的事情，必须守住法度不变，才能成功。民心是不能放纵的，法度是不能变更的。古诗上有句话说：只要不违背礼义，何必顾虑闲话？我是有决心不动摇的。”

三月，郑人铸刑书。叔向使诒子产书曰：“始吾有虞于子，今则已矣。昔先王议事以制，不为刑辟[1]，惧民之有争心也。犹不可禁御，是故闲之以义，纠之以政，行之以礼，守之以信，奉之以仁。制为禄位，以劝其从。严断刑罚，以威其淫。惧其未也，故诲之以忠，耸之以行，教之以务，使之以和，临之以教，莅之以彊，断之以刚。犹求圣哲之上，明察之官，忠信之长，慈惠之师，民于是乎可任使也，而不生祸乱。民知有辟，则不忌于上，并有争心，以征于书，而徼幸以成之，弗可为矣。夏有乱政而作《禹刑》，商有乱政而作《汤刑》，周有乱政而作《九刑》。三辟之兴，皆叔世也。今吾子相郑国，作封洫，立谤政，制参辟，铸刑书，将以靖民，不亦难乎？《诗》曰：仪式刑文王之典，日靖四方。又曰：仪刑文王，万邦作孚。如是，何辟之有？民知争端矣，将弃礼而征于书，锥刀之末将尽争之。乱狱滋丰，贿赂并行。终子之世，郑其败乎！肸[2]闻之，国将亡必多制，其此之谓乎！"复书曰："若吾子之言，侨不才，不能及子孙，吾以救世也。既不承命，敢忘大惠？"昭公六年（公元前五三六年）

［1］此辟读作僻，是法律的意思。 ［2］肸是叔向的名字。

【说明】 古代社会由领主统治奴隶，根本上没有法律，春秋时代，渐渐有了集权的政府，法治的观念方才养成。子产首先定出法律，铸在鼎上，叫大家遵守，就是这个时代要求的表现。但是后来的流弊，也被叔向道破了（叔向当时还是守着人治主义的旧观点）。这是春秋时代社会变迁的一件重要事情。

【译文】 三月，郑国铸了刑书[1]，叔向就叫人寄了封信给子产说："我起初对于你的办法是很想参考的，现在却完了。古时的先王都是依照事实，临时处置的，不预先定出刑法，就是怕人民存心要相争执。但还是不能禁其相争，所以要以义来防范，以政来纠正，以礼来领导实行，以信来共同遵守，以仁来奉养，定出禄位的等级来奖励服从的人，严定刑罚来镇压放纵的人。还怕不行，所以要以忠诚来训诲，以实行来贯彻，以任务来教导，以和悦来指挥，以敬慎来临民，以强健来治事，以刚毅来裁断，还要替他们找出贤明的君上，精练的职官，忠实的首长，慈惠的师表。这样才可任使人民而不生祸患。若人民知道有了一定的法律，就用不着畏惧在上的人，大家都起争利之心，只要有法律可以作护符，就想徼幸成事。这就不好办了。夏有乱政才作《禹刑》，商有乱政才作《汤刑》，周有乱政才作《九刑》。这三种刑法都是末世兴起的。现在你作郑国的首相，定田亩的地界，立大家不以为然的新政[2]。再又参照三种刑法，铸成法律条文，要想安靖人民，恐怕难了。《诗经》上说：以文王的德行作榜样，常常使四方安靖。又说：取法文王，就得万国的信任。果然这样，何必要刑法？人民若知道有可争的机会，找到法律作护符，那么，极小的事都会争起来，案件多了，贿赂也就行开了。过了你这一代，郑国恐怕要衰败了。据我所知道，国家将亡，必多定出法制，恐怕就是指的这些了。”子产回信说：“你的话错是不错的，但我没有本领，管不到后代，只能救我这一代罢了。虽然不能遵你的教，又何敢忘记你的厚意？”

[1] 刑书的意思就是法律条文。 [2] 指昭公二年作“丘赋”那件事。

宣子有环，其一在郑商。宣子谒诸郑伯，子产弗与。曰：“非官府之守器也，寡君弗知。”子大叔子羽谓子产曰：“韩子亦无几求，晋国亦未可以贰。晋国韩子不可偷也。若属有谗人交斗其间，鬼神而助之，以兴其凶怒，悔之何及？吾子何爱于一环，其以取憎于大国也！盍求而与之？”子产曰：“吾非偷晋而有二心，将终事之，是以弗与，忠信故也。侨闻君子非无贿之难，立而无令名之患。侨闻为国非不能事大字小之难，无礼以定其位之患。夫大国之人令于小国，而皆获其求，将何以给之？一共一否，为罪滋大。大国之求，无礼以斥之，何餍之有？吾且为鄙邑，则失位矣。若韩子奉命以使，而求玉焉，贪淫甚矣，独非罪乎？出一玉以起二罪，吾又失位，韩子成贪，将焉用之？且吾以玉贾[1]罪，不亦锐乎？”

韩子买诸贾人，既成贾矣。商人曰：“必告君大夫。”韩子请诸子产曰：“日起[2]请夫环，执政弗义，弗敢复也。今买诸商人，商人曰：必以闻，敢以为请。”子产对曰：“昔我先君桓公与商人皆出自周。庸次比耦[3]，以艾[4]杀此地，斩之蓬蒿藜藋而共处之，世有盟誓以相信也，曰：尔无我叛，我无强贾，毋或匄夺。尔有利市宝贿，我勿与知，恃此质誓，故能相保以至于今。今吾子以好来辱，而谓敝邑强夺商人，是教弊邑背盟誓也，毋乃不可乎？吾子得玉而失诸侯，必不为也。若大国令而共无艺，郑鄙邑也，亦弗为也。侨若献玉，不知所成，敢私布之。”韩子辞玉曰：“起不敏，敢求玉以徼二罪？敢辞之。”昭公十六年（公元前五二六年）

[1] 此处贾读作古，是买的意思。 [2] 起是韩宣子的名字。 [3] 庸是用的意思，比耦是一对一对的耕田。 [4] 艾即古刈字，是斩的意思。

【说明】 这是晋国的韩宣子到郑国来聘问，顺便想要一件玉器，而子产坚持不肯给，一方面是预防邻国无限制的要求，一方面不肯假藉政府的威势来迫胁商人。从这一篇故事又可以看出郑国人民之守法，不敢私自和邻国交易。因此证明子产政令之严肃。

【译文】 韩宣子有一只玉环，那成对的另一只在郑国商人手里，宣子向郑君请求，子产不肯，说：“这并不是藏在我们政府里的，我们的国君不知道这件事。”子太叔子羽就劝子产说：“韩子的希望很小。晋国也还不可得罪，晋国和韩子都是不应当怠慢的。假使有个播弄是非的人在当中挑拨，鬼神又帮助他们，惹起他们的愤怒，那时再后悔，就来不及了。你为什么舍不得一只玉环，来讨大国的厌恶呢？何不找来给他算了？”子产说：“我并不是怠慢晋国而得罪它，正是要始终追随它，所以才不肯给。据我看，一个有知识的人，所难不在乎没有财宝，只怕没有好的名誉。治理国家所难也不在不能追随大国，保卫小国，只怕不能守礼以保自己的身份。若是大国的人对小国一发出号令，就可以满足他的要求，那怎能供给得了呢？答应这一个不答应那一个，那就更不对了。大国的要求，若不据礼驳回，还有什么限制？那么，我们也变成了属国，失去我们的身份了。并且韩子奉使而来，是为的公事，却来要一块玉，这也未免太贪心了，难道不也是犯罪的事？我们拿出玉来，便变成顶了两重的罪。我们呢，失去身份，韩子呢，成了贪人，这有什么好处？还有一层，若说我们为这块玉得祸，那也未免太细碎了吧？”

韩子就直接向商人讨买。价钱讲好了，商人说：“必须报告我们的大夫。”于是韩子向子产商量，说：“那一天我提起那件玉环的请求，贵政府不以为然，我也不敢再提了。现在我向商人买妥，商人说：必须向你报告，所以我请你允许这件事吧。”子产答复他说：“当日我们的国君桓公和这些商人都是从周畿而来的，大家一起排着次序，一对一对的耕田，把乱草斩除起来，同居下来，世代守着盟约，说：你们不可违背我，我也不强迫买你的货物，也不用强夺取。你们赚了钱，发了财，我也不管。靠着这种盟约，所以能彼此相保到今天。现在你是为了邦交而来的，若让我们的国家强夺商人的货物，那就是教我们的国家背弃盟约，恐怕不好吧！你为了得一块玉而失去列国的信仰，一定也不肯这样办的。假使大国命令下来，就要无限制的供应，就算郑国是属国，也不能这样。我若献出玉来，不知道究竟有什么好处。现在把我个人的意见对你说说。”韩子就把玉退还，说：“我虽然不才，岂敢为了求玉而犯两重的罪？就退还吧！”

郑子产有疾，谓子大叔曰：“我死子必为政。惟有德者能以宽服民，其次莫如猛。夫火烈，民望而畏之，故鲜死焉。水懦弱，民狎而玩之，则多死焉，故宽难。”疾数月而卒。大叔为政，不忍猛而宽。郑国多盗，取人于萑苻[1]之泽。大叔悔之曰：“吾早从夫子，不及此。”兴徒兵以攻萑苻之盗，尽杀之，盗少止。昭公二十年（公元前五二二年）

[1] 萑苻是地名，音丸蒲。

【译文】 郑子产有病了，对子太叔说：“我死之后，必是你来执政。只有有德的人才能以宽和服人，若是次一等的人，则不如用严厉的方法。你看，火是猛烈的，人看见了就害怕，所以很少死于火的。水是柔弱的，人看惯了以为不要紧，反而多死于水。所以宽和倒不是容易的事。”病了几个月，子产死了，子太叔执政，他不忍用严厉的方法，却用宽容的方法。于是郑国的“寇盗”多起来，在萑苻的沼泽中进行抢劫。太叔才后悔起来说：“我若早听了他老先生的话，决不至此。”因此派出步兵来讨伐萑苻的“寇盗”，一齐杀光，“盗”风方才稍息。

十、伍员与申包胥

十、伍员与申包胥

春秋末期最大的变动就是南方新兴国家的向北向西发展，吴国与楚国冲突，越国又与吴国冲突。北方各国也在此时开始蜕化，旧的小国渐因内乱而没落，大国如晋、如齐则落于少数强大家族之手。吴、楚、越三国间的废兴存亡似乎都可以由伍员（伍子胥）一人的活动中找寻线索，至于他的朋友（后来的敌人）申包胥，则与楚国的复兴也不无关系。所以拿他两人作线索，可以明白看出春秋末期的大事。只有北方各国的事情，因限于篇幅，不能列入。但哀公九年，吴城邗沟，通江、淮，这是大运河的第一次开凿，在南北交通上有极大关系，是值得提出的。

楚子之在蔡也，郹阳[1]封人之女奔之，生大子建。及即位，使伍奢为之师，费无极为少师，无宠焉，欲谮诸王，曰："建可室矣。"王为之聘于秦，无极与逆，劝王取之。昭公十九年（公元前五二一年）

费无极言于楚子曰："建与伍奢将以方城之外叛，自以为犹宋、郑也。齐、晋又交辅之，将以害楚，其事集矣。"王信之，问伍奢，伍奢对曰："君一过多矣，何信于谗？"王执伍奢，使城父司马奋扬杀大子，未至而使遣之。三月，大子建奔宋。王召奋扬，奋扬使城父人执己以至。王曰："言出于余口，入于尔耳，谁告建也？"对曰："臣告之。君王命臣曰：事建如事余。臣不佞，不能苟贰，奉初以还，不忍后命，故遣之，既而悔之，亦无及已。"王曰："而敢来，何也？"对曰："使而失命，召而不来，是再奸也，逃无所入。"王曰："归！"

从政如他日。

无极曰："奢之子材，若在吴，必忧楚国，盍以免其父召之！彼仁，必来。不然将为患。"王使召之曰："来，吾免而父。"棠君尚谓其弟员[2]曰："尔适吴，我将归死。吾知不逮，我能死，尔能报。闻免父之命，不可以莫之奔也。亲戚为戮，不可以莫之报也。奔死免父，孝也。度功而行，仁也。择任而往，知也。知死不辟，勇也。父不可弃，名不可废，尔其勉之。相从为愈。"伍尚归。奢闻员不来，曰："楚君大夫其旰[3]食乎！"楚人皆杀之。昭公二十年（公元前五二二年）

[1] 郹读如乞。 [2] 员读作云。 [3] 旰读如旱，晚也。

【说明】 费无极是楚国的一个小人，专门挑拨生事。先劝楚平王自己娶了太子建的未婚妻，又劝他把太子派在城父地方驻守。然后诬告太子谋反，把太子的师傅伍奢害死，这就是后来伍员帮助吴国灭楚国的祸事根源。

【译文】 楚平王驻防蔡国的时候，郹阳地方长官的女儿和他私通，生了太子建。等他做了国王，就派伍奢、费无极两人作太子的师傅，一正一副。太子不喜欢费无极，费无极想谗害他，就对王说："太子应该娶亲了。"王替他求了秦国的亲事，派去迎接的人就有费无极在内，他就夸说秦女怎样美貌，劝王自己娶来。

费无极又对楚王说："太子和伍奢预备以方城外的地方造反，自以为和宋、郑两国的力量差不多，齐、晋又都帮他，要为楚国之害，事情已经成熟了。"王信了他的话，就叫伍奢来问，伍奢说："你已经做错一件事够了，怎么还要听信谗言？"王仍不听，把伍奢拿下，叫城父地方的司马奋扬杀太子。奋扬在未去之前，派人通知太子逃走，太子就逃到宋国去了。王把奋扬叫来问罪，奋扬就叫城父人把自己绑起来送去。王问他："话从我口里出来，进了你的耳朵，是谁告诉太子的？"他说："是我告诉的。当初大王吩咐我说：'事奉太子要和事奉我一样。'我虽无才，不敢轻易违命，只知道承奉你从前的命令办事，却不忍心遵照你后来的命令，所以把他放了。随后我也知道懊悔，但是来不及了。"王说："你怎么还敢来？"他说："既然没有遵命办事，叫来又不来，那就是犯了两重罪了，即使逃也没有地方可逃呀！"王说："回去吧！"于是他回去办事，还照从前一样。

费无极又说："伍奢的儿子都很能干，若到了吴国，就要害楚国担心事了。何不说他来了就免他父亲的罪，他是个仁厚的人，一定会来，否则留下他恐怕要捣乱。"王于是派人叫他说："来，我免你父亲的罪。"伍奢的大儿子正作棠的地方长官，名叫伍尚，对他的兄弟伍员说："你奔往吴国吧，我去送死就是。我聪明不如你，我是肯死的，你是能报仇的。既然听说去了可以免父亲的罪，总不可以没有人去，至亲被人杀了，也总不可以没有人报仇。送死而救父为孝。估计实际而行动为仁。各负一种责任为智。明知送死而不避为勇。父亲是不可丢弃的，名义也不可废除的，你努力去干吧，总比死在一起的好。"伍尚回去之后，伍奢听说伍员不来，就说："楚国的国君和大夫恐怕饭都没有工夫吃了。"楚国到底把他两人都杀掉了[1]。

[1] 吴国一向是服从楚国的。成公七年，楚国的巫臣被迫奔到晋国，替晋国作代表，到了吴国，就把中原车战的方法教给吴国，并且教唆吴国叛离楚国，从此以后，楚国已经常受吴国的害了。这事发生在伍员到吴国之前五十年。

员如吴，言伐楚之利于州于。公子光曰：“是宗为戮而欲反其仇，不可从也。”员曰：“彼将有他志，余姑为之求士，而鄙以待之。”乃见鱄设诸焉，而耕于鄙。昭公二十年（公元前五二二年）

吴子欲因楚丧而伐之，使公子掩馀、公子烛庸帅师围潜。使延州来季子聘于上国，遂聘于晋，以观诸侯。……

吴公子光曰：“此时也，弗可失也。”告鱄设诸曰：“上国有言曰：不索何获？我王嗣也，吾欲求之。事若克，季子虽至，不吾废也。”鱄设诸曰：“王可弑也，母老子弱，是无若我何。”光曰：“我，尔身也。”夏四月，光伏甲于窟室而享王。王使甲坐于道，及其门，门阶户席，皆王亲也。夹之以铍[1]。羞[2]者献体，改服于门外。执羞者坐行而入，执铍者夹承之，及体以相授也。光伪足疾，入于窟室。鱄设诸置剑于鱼中以进，抽剑刺王，铍交于胸，遂弑王，阖庐以其子为卿。……吴公子掩馀奔徐，公子烛庸奔钟吾，楚师闻吴乱而还。

郤宛直而和，国人说之。鄢将师为右领，与费无极比而恶之。令尹子常贿而信谗，无极谮郤宛焉，谓子常曰：“子恶欲饮子酒。”又谓子恶：“令尹欲饮酒于子氏。”子恶曰：“我贱人也，不足以辱令尹。令尹将必来辱，为惠已甚，吾无以酬之。若何？”无极曰：“令尹好甲兵，子出之，吾择焉。”取五甲五兵，曰：“置诸门，令尹至，必观之，而从以酬之。”及享日，帷诸门左。无极谓令尹曰：“吾几祸子，子恶将为子不利，甲在门矣，子必无往。且此役也，吴可以得志，子恶取赂焉而还，又误群帅，使退其师，曰：乘乱不祥。吴乘我丧，我乘其乱，不亦可乎？”令尹使视郤氏，则有甲焉。不往，召鄢将师而告之。将师退，遂令攻郤氏，且爇[3]之，子恶闻之，遂自杀也。国人弗爇，令曰：“不爇郤氏，与之同罪。”或取一编菅焉，或取一秉秆焉，国人投之，遂弗爇也。令尹炮[4]之，尽灭郤氏之族党，杀阳令终与其弟完及佗，与晋陈及其子弟。晋陈之族呼于国曰："鄢氏、费氏自以为王，专祸楚国，弱寡王室，蒙王与令尹以自利也。令尹尽信之矣。国将如何？"令尹病之。……

楚郤宛之难，国言未已，进胙者莫不谤令尹。沈尹戌言于子常曰："夫左尹与中厩尹莫知其罪而子杀之。以兴谤讟，至于今不已，戌也惑之。仁者杀人以掩谤，犹弗为也。今吾子杀人以兴谤而弗图，不亦异乎？夫无极，楚之谗人也，民莫不知。去朝吴，出蔡侯朱，丧太子建，杀连尹奢，屏王之耳目，使不聪明。不然，平王之温惠共俭，有过成、庄，无弗及焉。所以不获诸侯，迩无极也。今又杀三不辜，以兴大谤，几及子矣。而子不图，将焉用之？夫鄢将师矫子之命以灭三族，国之良也，而不愆位。吴新有君，疆埸[5]日骇，楚国若有大事，子其危哉！知者除谗以自安也，今子爱谗以自危也。甚矣其惑也！"子常曰："是瓦[6]之罪，敢不良图？"九月己未，子常杀费无极与鄢将师，尽灭其族，以说于国，谤言乃止。昭公二十七年（公元前五一五年）

吴子问于伍员曰："初而言伐楚，余知其可也，而恐其使余往也，又恶人之有余之功也。今余将自有之矣。伐楚何如？"对曰："楚执政众而乖，莫适任患。若为三师以肄[7]焉，一师至，彼必皆出，彼出则归，彼归则出，楚必道敝，亟肄以罢之，多方以误之，既罢而后以三军继之，必大克之。"阖庐从之，楚于是乎始病。昭公三十年（公元前五一二年）

[1] 铍就是剑。 [2] 羞古馐字，就是食物，羞者就是进食物的人。[3] 爇是放火。 [4] 炮是将人烧死。 [5] 埸读如易，疆埸指边境。[6] 瓦是子常的名字。 [7] 肄，劳也。

【说明】 伍子胥奔吴以后，就想运动吴国伐楚报仇，但吴公子光（即后来的吴王阖庐）正想篡位，所以伍子胥不能不先替他设法达到这个目的，再藉他的力量报自己的仇。恰好楚国有费无极一班小人滥行杀戮，败坏纲纪，给吴国以可乘之机，酿成十七年以后的几乎亡国的惨剧。

【译文】 伍员到了吴国，向州于（吴王僚）极力讲说伐楚的利益。公子光就扬言说："他一家被杀，所以想报仇，不要听他的话。"伍员心里说："这人（指公子光）另有野心，我暂且替他物色人才，到乡下去再等机会吧！"于是介绍了一个勇士鱄设诸[1]给他，自己到乡下种田去了。

吴王打算乘楚国有丧事[2]，出兵攻楚。派公子掩馀、公子烛庸两人带兵围潜城，派延州来[3]季子（季札）到北方各国访问，顺便访问晋国，调查列国情形。……

吴国的公子光[4]说："这是时机，不要失去了。"告鱄设诸说："中国有句俗话说：不求怎能得到？我原是王子，我想'求'一下，事情成功，季子即使回来也不会废我的。"鱄设诸说："王是可以杀掉的。可是我母老，儿子小，怎样办呢？"公子光说："你的事就是我的事。"夏四月，公子光在地窖里埋伏了兵请王（僚）赴宴。王派兵沿街守卫一直到大门，从大门到堂阶，从门口到席次，都是王的亲兵。两边都用剑保护，上菜的人都要脱光了衣服，再换好，才许上去。拿饭菜的人跪着进去，两边用剑指在身上，一个个递上去。公子光假说脚有病，躲进地窖。鱄设诸把短剑放在鱼里面，抽出来刺王，登时鱄设诸被乱剑杀死，王也死了。阖庐[5]为了报鱄设诸的功劳，就用他的儿子作卿。这样一来，公子掩馀就奔到徐国，公子烛庸奔到钟吾。楚军听说吴国发生内乱，也撤回去了。

楚国的郤宛为人既正直而又和平，国人都赞成他。鄢将师官居右领，与费无极是一党，却都很不喜欢他。令尹子常（囊瓦）贪财而又听信谗言，费无极就设法害郤宛，对子常说：“子恶（郤宛）想请你喝酒。”又对子恶说：“令尹想到你府上喝酒。”子恶说：“我是贱人，怎敢当令尹劳驾，令尹一定要光临，那太荣幸了。我又没有什么东西可以报效，怎么办呢？”费无极说：“令尹喜欢盔甲和兵器，你拿点出来，让我来挑选。”他挑了五副盔甲，五件兵器，告诉他：“放在大门口，令尹一来到，一定要看的，你就报效他好了。”到了请客那天，在大门口张起帷幕，放在里面。于是费无极告诉令尹说：“我差一点害了你了，子恶要不利于你，兵已经埋伏在大门口，你千万不要去。并且这回的战事，本可以打败吴国的[6]，子恶得了贿赂，所以退兵，又误了一班将帅，叫他们都退兵，说：乘人之乱是不祥的。其实吴国既乘我之丧，我乘他们之乱，有什么不可呢？”令尹派人去看郤家，果然有兵，就不去了。把鄢将师叫来，告诉他这件事，鄢将师下去就发令攻郤家，放起火来。子恶听见，就自杀了。国人都不肯放火，于是下令说：“不放火烧郤家，就和他们得同样的罪。”这样，人都只取一片草席，一把禾秆，丢过去，敷衍一下，到底不肯放火。令尹把郤宛的尸首烧了，郤氏一族都被害。同时被杀的有阳令终和他的兄弟完及佗两人，还有晋陈和他的子弟。晋陈的族人在国中号呼说：“鄢氏、费氏自以为王，擅自危害楚国，使王室孤立无援，他们把王和令尹都蒙蔽了，谋自己的利益，令尹完全信他的话，国家怎么得了啊！”令尹听见了，也觉得不安起来。……

楚国发生郤宛的这次乱事，国内谣言不止，凡上祭肉的没有不骂令尹的[7]。沈尹戌向子常进言说：“左尹（郤宛）和中厩尹（阳令终）并没有罪行，你就把他们杀了。大家都议论纷纷至今不息。据我所知道，仁人即使为了免人议论而杀人，都不肯，现在你却杀人来招议论，还不打主意，这不是怪事吗？这费无极本是楚国的馋人，没有人不知道，从前把朝吴从蔡国赶走，使蔡侯朱失国，失掉太子建，杀掉连尹伍奢，把王的耳目都除掉，使他听也听不见，看也看不见。否则，以平王为人的温惠恭俭，比起成王、庄王，只有更好，并无不及，其所以不为列国所推戴，都是为了亲近费无极的缘故。现在又杀了三家无罪的人，以至惹起重大的批评，已经快到你自己身上了，你还不打主意，这是为什么呀！鄢将师这人矫传你的命令灭了三个家族，这都是国家优秀分子，又没有职务上的过失。吴国正立了新君，边境上常有警报，楚国若有大事，你真危险啊！贤明的人只有除去谗人以求平安的，你倒爱护谗人以危及自己，实在不可解啊！”子常说：“这确是我的罪，怎敢不好好想办法？”九月已未，子常把费无极和鄢将师都杀了，连他们的宗族一起灭尽，以求国人的谅解，这才不议论了。

吴王问伍员说：“从前你主张伐楚，我知道是对的，只是恐怕他叫我去，又不愿意叫别人占了我的功劳。现在我可以自己占有了，伐楚怎样？”他说：“楚国的执政人多，而不一致，且都不肯负责。假使我们派出三支兵来扰害他们，一支兵到，他们都会出来，他们一出来，我们就回去；他们一回去，我们又出来，那样，他们就要奔波道路，几回扰害使他们疲乏，几种计策叫他们上当。疲乏之后，再出全军跟上去，一定大获全胜。”阖庐用了他的计策，楚国就大受其害了。

[1] 即《史记》之专诸。 [2] 楚平王死在前一年。 [3] 延、州来是两个地名，季札的封邑。 [4] 此时的吴王名僚，是公子光的叔父。僚立为王，是公子光所不甘服的。 [5] 吴国的王各有称号，公子光即王位后称阖庐。 [6] 此句亦可解作吴国可以遂它的心愿了。 [7] 这大概是古代祭神时诅咒的话。

蔡昭侯为两佩与两裘以如楚，献一佩一裘于昭王，昭王服之以

享蔡侯，蔡侯亦服其一。子常欲之，弗与，三年止之。唐成公如楚，有两肃爽[1]马，子常欲之，弗与，亦三年止之。唐人或相与谋，请代先从者，许之。饮先从者酒，醉之，窃马而献之子常，子常归唐侯。自拘于司败曰："君以弄马之故隐君身，弃国家，群臣请相夫人以偿马，必如之。"唐侯曰："寡人之过也，二三子无辱。"皆赏之。蔡人闻之，固请而献佩于子常。子常朝，见蔡侯之徒，命有司曰："蔡君之久也，官不共也。明日礼不毕，将死。"蔡侯归，及汉，执玉而沈曰："余所有济汉而南者，有若大川。"蔡侯如晋，以其子元与其大夫之子为质焉，而请伐楚。定公三年（公元前五〇七年）

沈人不会于召陵，晋人使蔡伐之。夏，蔡灭沈。秋，楚为沈故，围蔡。伍员为吴行人以谋楚。楚之杀郤宛也，伯氏之族出，伯州犁之孙嚭为吴大宰以谋楚。楚自昭王即位，无岁不有吴师。蔡侯因之，以其子乾与其大夫之子为质于吴。冬，蔡侯、吴子、唐侯伐楚，舍舟于淮汭，自豫章与楚夹汉。左司马戌谓子常曰："子沿汉而与之上下，我悉方城外以毁其舟。还塞大隧、直辕、冥阨[2]。子济汉而伐之，我自后击之，必大败之。"既谋而行。武城黑谓子常曰："吴用木也，我用革也，不可久也，不如速战。"史皇谓子常："楚人恶子而好司马，若司马毁吴舟于淮，塞城口而入，是独克吴也，子必速战，不然，不免。"乃济汉而陈[3]，自小别至于大别。三战，子常知不可，欲奔。史皇曰："安求其事，难而逃之，将何所入？子必死之。初罪必尽说。"十一月庚午，二师陈于柏举，阖庐之弟夫概王，晨请于阖庐曰："楚瓦不仁，其臣莫有死志。先伐之，其卒必奔。而后大师继之，必克。"弗许。夫概王曰："所谓臣义而行不待命者，其此之谓也。今日我死，楚可入也。"以其属五千先击子常之卒，子常之卒奔，楚师乱，吴师大败之。子常奔郑，史皇以其乘广死。吴从楚师，及清发，将击之。夫概王曰："困兽犹斗，况人乎？若知不免而致死，必败。我若使先济者知免，后者慕之，蔑有斗心矣，半济而后可击也。”从之，又败之。楚人为食，吴人及之，奔食而从之，败诸雍澨。五战及郢[4]。

己卯，楚子取其妹季芈、畀我以出。涉睢，针尹固与王同舟，王使执燧象[5]以奔吴师。庚辰，吴入郢，以班处宫，子山处令尹之宫，夫概王欲攻之，惧而去之，夫概王入之。左司马戌及息而还，败吴师于雍澨，伤。初，司马臣阖庐，故耻为禽焉。谓其臣曰：“谁能免吾首？”吴句卑曰：“臣贱可乎？”司马曰：“我实失子，可哉！”三战皆伤，曰：“吾不可用也已。”句卑布裳，刭而裹之，藏其身而以其首免。

楚子涉睢济江，入于云中。王寝，盗攻之，以戈击王。王孙由于以背受之，中肩，王奔郧，钟建负季芈以从，由于徐苏而从。郧公辛之弟怀将弑王，曰：“平王杀吾父，我杀其子，不亦可乎？”辛曰：“君讨臣，谁敢仇之？君命天也，若死天命，将谁仇？《诗》曰：柔亦不茹，刚亦不吐，不侮矜[6]寡，不畏彊御。唯仁者能之。违彊陵弱，非勇也。乘人之约，非仁也。灭宗废祀，非孝也。动无令名，非知也。必犯是，余将杀女。”斗辛与其弟巢以王奔随，吴人从之。谓随人曰：“周之子孙在汉川者，楚实尽之，天诱其衷，致罚于楚，而君又窜之，周室何罪？君若顾报周室，施及寡人，以奖天衷，君之惠也。汉阳之田，君实有之。”楚子在公宫之北，吴人在其南，子期似王，逃王而己为王，曰：“以我与之，王必免。”随人卜与之不吉，乃辞吴曰：“以随之辟小而密迩于楚，楚实存之，世有盟誓，至于今未改。若难而弃之，何以事君？执事之患，不唯一人。若鸠楚境，敢不听命？”吴人乃退。炉金初官于子期氏，实与随人要言，王使见，辞曰：“不敢以约为利。”王割子期之心以与随人盟。

初，伍员与申包胥友。其亡也，谓申包胥曰：“我必复楚国。”申包胥曰："勉之，子能复之，我必能兴之。"及昭王在随，申包胥如秦乞师，曰："吴为封豕长蛇，以荐食上国，虐始于楚。寡君失守社稷，越在草莽。使下臣告急，曰：夷德无厌。若邻于君，疆埸之患也。逮吴之未定，君其取分焉。若楚之遂亡，君之土也。若以君灵抚之，世以事君。"秦伯使辞焉，曰："寡人闻命矣，子姑就馆，将图而告。"对曰："寡君越在草莽，未获所伏，下臣何敢即安？"立依于庭墙而哭，日夜不绝声，勺饮不入口，七日，秦哀公为之赋《无衣》，九顿首而坐，秦师乃出。定公四年（公元前五〇六年）

申包胥以秦师至，秦子蒲、子虎帅车五百乘以救楚。子蒲曰："吾未知吴道。"使楚人先与吴人战而自稷会之，大败夫概王于沂。吴人获薳射[7]于柏举，其子帅奔徒以从子西，败吴师于军祥。秋七月，子期、子蒲灭唐。九月，夫概王归自立也。以与王战而败，奔楚为堂溪氏。吴师败楚师于雍澨，秦师又败吴师，吴师居麇，子期将焚之。子西曰："父兄亲暴[8]骨焉，又焚之，不可。"子期曰："国亡矣，死者若有知也，可以歆[9]旧祀，岂惮焚之？"焚之而又战，吴师败，又战于公壻之溪。吴师大败，吴子乃归。定公五年（公元前五〇五年）

［1］肃爽大概是洁白的意思。［2］三关（指大隧、直辕、冥阨）在今湖北河南交界的武胜关等处。［3］古阵字作陈。［4］郢是楚国都城，在今湖北江陵西北。［5］意思是将火把装在象的身上冲击敌兵，大概是楚国特有的战术。［6］矜读作鳏。［7］薳射读作委亦。［8］古曝字作暴。［9］歆，享也。

【说明】 这一段记载指出楚国子常贪财纳贿是国事败坏的根源，所以吴兵能长驱直入楚国国都。然而倚仗楚国人的忠勇，还能屡败屡战。

但是吴国之所以虽战胜而终于败走，也是由于内部之不一致，所以楚国才有可乘之机以谋兴复。从此以后，吴国再也没有西侵的念头，楚国仍然维持强大的地位，一直到秦始皇之统一。

【译文】 蔡昭侯制了两件玉佩和两件皮衣，到了楚国，送一套与楚昭王。昭王穿带起来，请蔡侯宴会，蔡侯也穿带了同样的一套。子常想要他的，他不肯，于是扣留了他三年不放。唐成公到楚国，有两匹名叫“肃爽”的马，子常也想要他的，他也不肯，也扣留了他三年不放。唐国就有人出了个主意，要求让从前随从的人换班回来。楚国答应了。这班新的人来到了，请从前随从的人喝酒，灌醉了，把马偷出来送给子常，子常就把唐侯放回去了。这班人向司法官自首说：“国君为了玩马而亲身受罪，弃了国家，我们大家情愿替那管马的人帮忙再找来同样的马赔上。”唐侯说：“这是我错了，请各位不必这样。”并且还酬谢了他们。蔡国人听见这个消息，也就极力劝蔡侯把玉佩献给子常。子常入朝的时候，看见蔡侯的随从，就吩咐办事的人说：“蔡君久留此地，都是因为预备不周到，明天你们若还不赶快办好，你们都要处死。”蔡侯回去，走到汉水，拿了一块玉投到水里说：“我若再渡汉水往南，有此河为证！”[1]于是蔡侯到了晋国，派自己儿子元和一班大夫的儿子作抵押，要求伐楚。

沈国不参加召陵之会[2]，晋国指使蔡国去讨伐，把它灭了。楚国为了援助沈国，起兵围蔡。此时伍员已经作了吴国的行人[3]，计划对付楚国。楚国杀郤宛的时候，伯氏一家都亡命，伯州犁的孙子名嚭做了吴国的太宰[4]，也计划对付楚国。楚国自从昭王即位，就没有一年没有吴国的军事。蔡侯利用这个机会，就派了自己儿子乾和一班大夫的儿子到吴国作抵押。到了冬天，蔡、吴、唐三国国君都来伐楚，将坐船留在淮水边，从豫章而上，和楚军隔着汉水相对。左司马[5]戌向子常建议说：“你沿着汉水，与他们相持，我去动员方城外的兵力，把他们的船只毁掉，回头把大隧、直辕、冥阨三关堵住。然后你渡过汉水进攻，我再从后方进攻，一定得大胜。”商量定了，他就出发了。武城黑又来向子常建议说：“吴国兵器以木为主，我们兵器以皮革为主，不能持久。不可耽误时机，不如速战。”史皇又劝子常：“楚国人都不赞成你而赞成司马。若司马把淮水边的吴国船只毁掉，堵住城口进兵，那就是他一人获得战胜吴国的声名了，你一定要速战，不然，就免不了祸祟。”于是渡过汉水，列起阵来，又从小别打到大别，战了三次，子常知道不成功了，想一跑了事。史皇说：“太平时候，取得政权；有了灾难就想逃，逃到哪里去呢？你必须死战，从前的罪恶才可以得人原谅。”十一月庚午日，两军在柏举列阵。阖庐的兄弟夫概王清早向阖庐建议说：“楚国的囊瓦（子常）是个不仁之人，臣下都没有奋斗到死的决心，先伐他，他的兵必溃散，然后大军跟上去，一定得胜。”阖庐不答应他。夫概王就说：“作臣下的看见合理的事就应当实行，不必等候命令，这句话就为今日而讲的了。我即使死了，楚国是可以攻进去的。”于是带了他的部下五千人先攻子常的兵，子常的兵一溃散，楚军就乱了，吴军把他们打得大败。子常逃往郑国，史皇带着兵车队也战死了。吴军追楚军，到了清发[6]，正要再进攻，夫概王说：“兽被困住，尚且死斗，何况人呢？他们若知道逃不了，拼起命来，必然能把我们打败，若是让先过渡的人知道可以逃生，后来的人有了希望，就没有死斗的决心了。渡过一半，方才可以进攻。”听了他的话，果然又把楚军打败一次。楚军正在造饭，吴兵追到了，饭也顾不得吃了，又追上去，又在雍澨把他们打败了，总共打了五仗，就到楚国的国都——郢。

己卯这一天，楚王只把他的妹子季芈和畀我带走，渡过睢水，和王坐在一条船上的是针尹固，王就派了他去用“火象阵”突击吴兵。庚辰这一天，吴军进占郢城。按照等级占领了官府，子山（吴王的儿子）占住令尹府，夫概要和他抢，他害怕起来，只得搬走，夫概王就进去占有了。左司马戌走到息城，听到消息，只得回头，在雍澨遇见吴军，得了一个胜仗，可是自己也受伤了。从前司马戌曾经作过阖庐的下属，所以不甘心再作俘虏，问他的部下："谁能替我保住头颅不受辱于敌人？"吴句（勾）卑说："我的位次卑贱，我可以不可以呢？"司马戌说："可惜我以前对你没有认识，当然你可以的！"再战了三次，都受了伤，就说："我不中用了。"吴句卑正穿着布裙，就割下他的头颅用来裹上，把尸身埋好，带首头颅脱险了。

楚王走过雎水，渡江到了云梦之中，王正睡觉，有刺客来袭击，用戈砍王，王孙由于连忙用自己的背来挡，被砍中了肩部。王登时逃往郧城，钟建背着季芈同走。由于慢慢醒来，也同走了。郧公斗辛的兄弟名怀，打算把王杀掉，他说："平王杀了我的父亲[7]，我杀他的儿子，有什么不可以？"斗辛说："国君讨臣下的罪，谁敢报复？君命等于天命，死于天命，又向谁报复呢？《诗经》上说：柔软的也不吞下，刚硬的也不吐出，不欺侮鳏寡，也不畏惧强硬。只有仁人能够这样。躲开强的，欺负弱的，不能算勇。乘人的危困，不能算仁。犯罪而受灭族的罪名，不能算孝。做事而得不到好名誉，不能算智。你若一定不听，我就先杀你。"斗辛和他的兄弟斗巢拥护王又奔随国。吴国人又跟从来了，告诉随国人说："周室子孙在汉川的都被楚国灭完了[8]，现在天意要降罚楚国，你却把他收容起来，周室有什么罪呢？你若是顾念周室，使我沾光，以顺天意，那就是你的好意了，汉水北面的田，都是你的了。"楚王住在随宫的北面，吴兵就在南面。子期（昭王的哥哥）相貌和王差不多，他叫王逃走，自己来冒充王，告诉随人说："把我交出去，王就可以脱险了。"随人把这事占卜一下，结果交出去是不吉的。于是谢绝吴国说："随国是个偏僻而弱小的国家，离楚国非常之近。靠楚国保存，世代都有盟约，至今未改。

假使在患难中抛弃了它，又怎么可以服事你呢？能害你的也并不止楚王一个人。只要你能够把楚国全境都安定下来，我又怎敢不听命？”吴人方才退去。炉金原来是在子期家中服务的，向随人办交涉的就是他，王听见这事，叫他来见见面，他说：“不敢藉着这种盟约为自己谋好处。”谢绝了。王于是刺了子期心前的血和随人定了盟。

当初，伍员和申包胥是好朋友，伍员亡命的时候，对申包胥说：“我一定要颠覆[9]楚国。”申包胥说：“那么，你好好去干吧！你能颠覆它，我一定能使它复兴。”及昭王在随，申包胥就到秦国去求援兵，说：“吴国比方大的野猪、长的毒蛇一般，一点一点侵食中国，从残害楚国开始。我们国君守不住国家，以致流落在外，现在派我来告急，说：蛮夷的性格是永不知足的，若是和你们接境，那就要在你们的边界上生事了。趁吴国还没有平定的时候，你也来分一分利益吧！假使楚国就此灭亡，这就是你的土地了。果真藉你的威力能安抚我们，我们一定世世代代服从你。”秦伯叫人婉言谢绝他说：“我知道了，请你先在客馆休息，等我商量定了再通知你。”他说：“我们国君流落在外，还不知何处存身，我怎敢自便？”于是站着靠住院墙就哭起来，哭声日夜不绝，一口水都没有喝。一共七天。秦哀公听说这样，大为感动，就念起《无衣》[10]的诗来，申包胥听了，起来道谢，坐在地下叩了九个头。秦军就马上出发了。

第二年，申包胥带了秦军同来了，秦国的子蒲、子虎率领兵车五百乘来救楚。子蒲说：“我们还不熟习吴国的作战方法。”叫楚兵先和吴兵交战，然后从稷的地方去合攻，把夫概王在沂的地方杀得大败。吴兵在柏举俘虏了薳射，他的儿子就收集了残兵跟着子西在军祥击破吴兵。秋七月，子期、子蒲联合起来，把唐国灭了。九月，夫概王回国，自立起来，和阖庐相争，夫概王失败，逃到楚国，就是后来的堂溪氏。吴军在雍澨打败了楚军，秦军又把吴军打败了。吴军驻在麇的地方。子期打算放火烧这地方。子西说："父兄都战死在这里，骸骨都没有收葬，又来放火，是不对的。"子期说："国都要亡了，若是死者有知，只要可以重享祭祀，还怕什么放火？"于是放了火再交战，吴军败了。又在公壻之溪交战，吴军又大败。吴王就此回去了。

［1］这是古人发誓的惯语。［2］晋国在这一年联合了各国会于召陵以谋伐楚。［3］行人就是当时的外交官。［4］吴越等国常用外国人任重要职务，渐开战国风气。［5］左司马是军事长官。［6］清发是水名。［7］他的父亲是令尹子旗（蔓成然），平王因为他恃有拥戴之功，要求太过，把他杀了，仍念他的功劳，叫他的儿子斗辛作郧公，事在昭公十四年。［8］随国也是周室的子孙，与吴国同为姬姓。［9］原文"复"字应当作"覆"字讲才通，杜注解作"报复"，则不能与下文"兴"字对。［10］《无衣》是秦国的诗，在现在《诗经》的《秦风》里头，末一章说："岂曰无衣？与子同裳。王于兴师，修我甲兵，与子偕行。"表示军人奋勇同赴国难的意思。这就等于表示答应申包胥的请求了。

四月己丑，吴大子终累败楚舟师，获潘子臣、小惟子，及大夫七人。楚国大惕，惧亡。子期又以陵师[1]败于繁扬，令尹子西喜曰："乃今可为矣。"于是乎迁郢于鄀，而改纪其政，以定楚国。定公六年（公元前五〇四年）

［1］陵师就是陆军。

【说明】 这一次楚国的国难是非常严重的，亡而幸存，存而又败，可想见三年之中，死伤之多，焚掠之惨。然而正因为外患逼迫，倒可以勉励国民唤起警惕，也正好把旧的恶习藉此洗涤干净。迁都的意思不但是为的国防，也是为的使气象一新。《左传》“改纪其政，以定楚国”八个字包括无数的事实。从此以后，楚国因败而埋头苦干，又一天天强盛起来，吴国因胜而志得意满，反一天天衰败下去，古人“多难兴邦”之说，也不是完全没有道理的。

【译文】 四月己丑，吴国太子终累把楚国的水师打败了，俘虏了楚国将领潘子臣、小惟子和其他的大夫七个人。楚国人十分害怕有亡国的危险。子期所统的陆军又在繁扬打了败仗。令尹子西倒欢喜起来，说：“这才有办法了。”于是把都城从郢迁到鄀，将政治制度重新加以规定，然后楚国乃趋于稳定。

吴伐越，越子勾践御之于槜李[1]。勾践患吴之整也，使死士再禽焉，不动。使罪人三行，属剑于颈而辞曰：“二君有治，臣奸旗鼓，不敏于君之行前，不敢逃刑，敢归死。”遂自刭也。师属之目，越子因而伐之，大败之。灵姑浮以戈击阖庐，阖庐伤将指，取其一屦，还卒于陉，去槜李七里。夫差使人立于庭，苟出入必谓己曰：“夫差！而忘越王之杀而父乎？”则对曰：“不敢忘。”三年乃报越。定公十四年（公元前四九六年）

吴王夫差败越于夫椒，报槜李也。遂入越，越子以甲楯五千保于会稽，使大夫种因吴大宰嚭以行成，吴子将许之。伍员曰：“不可，臣闻之，树德莫如滋，去疾莫如尽。昔有过浇杀斟灌以伐斟鄩，灭夏后相。后缗方娠，逃出自窦，归于有仍，生少康焉，为仍牧正。惎浇能戒之，浇使椒求之，逃奔有虞，为之庖正，以除其害。虞思于是妻之以二姚而邑诸纶，有田一成，有众一旅，能布其德而兆其谋，以收夏众，抚其官职。使女艾谍浇，使季杼诱豷，遂灭过戈，复禹之绩，祀夏配天，不失旧物。今吴不如过而越大于少康，或将丰之，不亦难乎？勾践能亲而务施，施不失人，亲不弃劳。与我同壤，而世为寇仇。于是乎克而弗取，将又存之。违天而长寇仇，后虽悔之，不可食已。姬之衰也，日可俟也。介在蛮夷而长寇仇，以是求伯[2]，必不行矣。”弗听。退而告人曰：“越十年生聚，十年教训，二十年之外，吴其为沼乎？”……

吴之入楚也，使召陈怀公。怀公朝国人而问焉，曰：“欲与楚者右，欲与吴者左。”陈人从田，无田从党。逢滑当公而进，曰：“臣闻国之兴也，以福，其亡也，以祸。今吴未有福，楚未有祸，楚未可弃，吴未可从。而晋，盟主也，若以晋辞吴，若何？”公曰：“国胜君亡，非祸而何？”对曰：“国之有是多矣，何必不复？小国犹复，况大国乎？臣闻国之兴也，视民如伤，是其福也。其亡也，以民为土芥，是其祸也。楚虽无德，亦不艾杀其民。吴日敝于兵，暴骨如莽，而未见德焉。天其或者正训楚也。祸之适吴，何日之有？”陈侯从之，及夫差克越，乃修先君之怨……

吴师在陈，楚大夫皆惧曰：“阖庐唯能用其民以败我于柏举，今闻其嗣又甚焉，将若之何？”子西曰：“二三子恤不相睦，无患吴矣。昔阖庐食不二味，居不重席，室不崇坛，器不彤镂，宫室不观，舟车不饰，衣服财用，择不取费。在国，天有菑厉，亲巡其孤寡而共其乏困。在军，熟食者分而后敢食，其所尝者卒乘与焉。勤恤其民而与之劳逸，是以民不罢劳，死不知旷。吾先大夫子常易之，所以败我也。今闻夫差次有台榭陂池焉，宿有妃嫱嫔御焉，一日之行，所欲必成，玩好必从，珍异是聚，观乐是务，视民如仇而用之日新。夫先自败也已，安能败我？”哀公元年（公元前四九四年）

……越灭吴，请使吴王居甬东，辞曰：“孤老矣，焉能事君？”乃缢，越人以归。哀公二十二年（公元前四七二年）

［1］槜音醉，槜李在今浙江嘉兴西南。［2］古霸字作伯。

【说明】 在吴楚之争告一段落以后，越国又起来与吴国争霸。始而越败吴，继而吴败越，越已经几乎亡国了。由于吴王夫差贪图享受，而越王勾践发挥“卧薪尝胆”的精神，终于在二十年之后，由五千残兵重新建立一个强国。第三次越再败吴，吴国从此就不再出现于历史舞台了。伍子胥预料越国的复仇，和楚子西预料夫差之必亡，都是富有意义的。

【译文】 吴伐越[1]，越王勾践在槜李迎击。吴军阵容整肃，使勾践很为难，他就派些敢死队故意送给他们去俘虏，而吴军仍不动。于是又派出死罪囚列为三行，自己用剑指着颈项说：“两君治兵，我们犯了军令，在你的队伍前显得不才，我们不敢逃刑，就此伏死罪。”说完这话，一个一个都自杀了。吴兵看见这种怪剧，看得发起呆来，越王乘机进攻，把吴兵打得大败。他的部下灵姑浮用戈击阖庐，击伤了他的大脚指，抢到他的一只鞋子。阖庐退兵，就在离槜李七里的陉地死去。夫差即位以后，叫人在宫院里站着，每逢出进，必定对自己说：“夫差啊！你忘记越王杀了你的父亲吗？”接着必自己答应：“不敢忘记！”隔了三年，就起兵伐越。

吴王夫差在夫椒打败了越军，就是为报槜李之仇。越王收集携带甲楯的残兵五千人守住会稽，派大夫种走吴国太宰嚭的路线，请求讲和，吴王预备应允了。伍员说：“不可。据我所知道，好的事情要缓缓建立，坏的事情要彻底铲除。古时过国的浇杀了斟灌，又伐斟鄩，灭了夏后相。相的妻子缗正怀着身孕，从墙洞里逃了出来，回到仍国，生下少康，长大了作仍国的牧官长。既恨浇，而且又能提防他，于是浇派椒去谋害他，他就逃到虞国，作他们的膳官长，免了仇人之害。虞思以二女嫁给他，以纶的地方封他。有了十方里的土地，五百人的兵力，从此把恩德散布起来，开始计划，收集夏朝旧人，抚定他们的职务。派女艾侦察浇的情况，派季杼引诱豷，到底把过、戈两国灭了，恢复禹的疆域，祭祀夏朝，依旧配天，不改旧章。现在吴之强还不及过，而越比少康大得多了。恐怕还要扩充起来，不更难了吗？勾践为人能爱人而好施惠，所施能得人之用，所爱也不遗弃人的功劳。与我们同在一方，而世为仇敌。既然打胜了，还不灭掉，倒要保存它，那是违反天意，帮助仇人，将来后悔要来不及了。姬姓之衰亡，指日可待了。在蛮夷之间而帮助仇人，这样来想成霸业，一定不成功的。”夫差不听。伍员下来告诉人说：“越国费十年工夫生聚起来，又十年工夫训练起来，二十年后，吴国都城要变一片野水了。”[2]

吴军攻入楚国的时候，派人征召陈怀公，怀公召集国人，征求大众意见，说：“赞成帮楚国的站在右边，赞成帮吴国的站在左边。”陈国人按自己田地所在，在西的就往右边，在东的就往左边，没有田地的，就跟着自己朋友往右往左，没有主见。只有逢滑不偏左右，正中对着怀公说：“据我所知道，国家有福则兴，有祸则亡，现在吴国并没有福，楚国也并没有祸，楚国不见得可以背弃，吴国也不见得可以依从。至于晋国，原是诸侯的盟主，假如藉口于晋国以谢绝吴国，你看怎样？”怀公说：“国也败了，君也逃了，还不是祸是什么？”他说：“国家这种事是常有的，怎么知道不能复兴呢？小国还能复兴，何况大国？据我所知道，国家兴盛的时候，惟恐伤了人民，这就是福。败亡的时候，把人民轻看得和草一般，这就是祸。楚国固然无德，但还没有拿它的人民去送死。吴国却天天动兵，尸骸暴露在野地上，一点也看不出恩德。天或者藉此给楚国一个教训吧！吴国的祸事不定哪一天要到的。”陈侯依了他的话。及至夫差打败了越国，又来寻从前的仇。……

吴军在陈国的时候，楚国的大夫都害怕说："阖庐就是因为能够指挥他的民众，所以在柏举打败了我们，现在听说他的儿子更厉害，怎得了呢？"子西说："各位只愁大家不齐心，不必愁吴国的事了。从前阖庐不吃两样菜，不坐两层席子，住的房子不起高台，用的器皿不加雕漆，宫室不筑台榭，舟车不讲装饰，衣服财用不求华丽。在国内的时候，天有灾殃疾疫，必亲自巡视孤寡加以周济。在军中的时候，饭食已经分给士兵，自己方才肯吃。吃的东西是和士兵一样的。对于人民非常体贴，同甘共苦，所以人不疲劳，就是死了也知道不至于被遗弃。而我们的先大夫子常轻看了他，所以打败了我们。现在听说夫差所驻的地方必有园林，所歇的地方必有妃嫔。出门一天，什么都要齐备，玩好是要跟着走的，珍奇的东西是要搜求的，专讲娱乐，把人民看作仇人，还要天天换样子来指使他们。他自己就要败了，还能败我吗？"

……越国灭了吴国，提议请吴王迁到甬东去住，他不肯，说："我老了，不能服事你了。"结果自缢而死。越军就把他的尸体带走了。

[1] 吴伐楚的那一年，越兵也乘虚侵入吴国，所以此次伐越报复。

[2] 意思是说吴国都城要残破荒凉了。

编后记

古书今译在现代的需要愈来愈广泛而且迫切了。

不但由于直接阅读古书的困难，不能不借助于翻译的方法，并且由于学术的进步，传统的注释有不能不加以改造扩充的地方。从前的注释，或偏重训诂，或偏重义理，却缺少全面的综合比勘的工夫。我们所需要的，既不专限于字义的解释，也不满足于望文生义的臆测。因此，所谓注释必须是根据科学方法，罗列证据，做出结论的。同时对于这部书的整个问题还需要展开详尽的讨论。总而言之，现在对于古书的研究，要严肃彻底，要负责交代，不能采取古人所谓“优游而自得之”的态度了。

注释的整理与扩充也就是翻译的第一步。没有经过这一步艰巨的工作，翻译是不能作好的。姑且专就翻译而论，固然谨严是最重要的原则，可是所谓谨严决不是一字一字的死译，有的时候，为补足语气，符合现代语法，是不能不在形式上有所变动的。不过不能滥添枝叶而已。这是一方面。从另一方面说，必须使读者感觉译文的生动流畅，如果读者感觉译文还是格格不吐，纵使谨严得无可非难，那也就失去翻译的效用了。

对读者而言，译文实在是最重要的部分，如果译文能够达到生动流畅的境界，而又能将深奥的古书表达得层次分明，条理清楚，读者就可以节省很多不必要的烦劳，而获得阅读古书的益处。

从上述的观点来看这部《左传选译》，因为第一步的工作还做得很不够，这种翻译也只能说“不得已而思其次”了。虽然滥添枝叶的弊病或者是没有的，可是为了拘泥原文，不能十分明白晓畅，这确是一个缺点。编者在全稿完成后自己检查，觉得还有很多可以再改进的地方。

另外还有一点应该声明，就是本书的分量问题。选编时原打算定出二十个单元，谁知篇幅过大，不是这部书所能容许的。于是缩减到一半。这又是不得已的办法。虽然在这个小册中也可以对《左传》的面貌有一概略的认识，但究竟嫌不充分。

瞿蜕园（1894—1973）

原名宣颖，字兑之，晚号蜕园，湖南善化（今长沙）人，著述宏富的文史大家。早年师从王闿运等名儒。于圣约翰大学和复旦大学毕业后，居京二十余年，曾出任若干官职，亦曾在南开、清华、燕京等大学执教。晚年居沪，以著述为业，被聘为中华书局上海编辑所特约编审。在史学领域，对方志学、掌故学、历代官制、秦汉史、新旧《唐书》《资治通鉴》均有深入研究，撰有《方志考稿》《志例丛话》《秦汉史纂》《两汉县政考》《汉代风俗制度史前编》《杶庐所闻录》《养和室随笔》《历代官制概述》《历代职官简释》等不同类型的诸多著作。在文学领域，既擅写诗词、古文、骈文，又善于阐释，精于笺注，所撰《中国骈文概论》《汉魏六朝赋选》等皆为广受欢迎的读物，身后出版的《李白集校注》《刘禹锡集笺证》尤为功力深厚的笺注之作，后者曾获全国古籍图书一等奖。

名家精译史学经典

《国语选译》

《战国策选译》

《左传选译》

《史记选译》

《汉书选译》

《后汉书选译》

《三国志选译》

《资治通鉴选译》